増補改訂版 「日本語能力試験」対策
日本語総まとめ N3
NIHONGO SO-MATOME

佐々木仁子　松本紀子

聴解
ちょうかい

|聴解|Listening Comprehension|听解|청해|

この本で使用しているマーク

🔊 No.45　　音声のトラック45を聞いてください

↔　　　　　反対の意味

❗　　　　　注意しましょう

___(=○○○)　○○○は下線部の言い換え

はじめに

この本は
- ▶「日本語能力試験」N3 合格を目指す人
- ▶ 初級を終えて、中級に進むための力をつけたい人
- ▶ 日常的な話が聞き取れるようになりたい人

のための学習書です。

◆この本の特長◆

- 第1章では、聞き取りの練習をするときに、間違いやすい発音や文法などの基本的な練習をします。少し長い話を聞く前の準備になります。
- 第2章では、「日本語能力試験」の問題パターンについて、例をあげて解説してあります。練習問題を解きながらパターンに慣れましょう。
- 第3章と第4章では、いろいろな場面や内容について、日常生活でよく聞く表現を覚えましょう。
- 各章にテストが付いているので、理解の確認ができます。
- 模擬試験があるので、より実際のテストに近い形で確認ができます。
- 難しいところに英語・中国語・韓国語の訳がついているので、一人でも勉強できます。

では、楽しく勉強していきましょう！

2024年10月
佐々木仁子・松本紀子

This book is a learning tool that targets:
▶ those who are aiming to pass Level 3 of the JLPT.
▶ those who have mastered the basics and want to take the next step towards intermediate Japanese.
▶ those who are seeking to understand everyday conversation.

Main features of this book
- The first chapter of this book serves as stepping stone designed to sharpen your listening comprehension and help you tackle longer passages. It covers words and sounds that are often mispronounced and introduces fundamental items of grammar.
- The second chapter describes the different question patterns that appear on the JLPT. Work your way through the practice questions and master each pattern.
- The third and fourth chapters cover different situations and contexts designed to help you learn the words and expressions commonly used in everyday life.
- Each chapter includes a test, allowing you to check your learning.
- You can test your ability with the JLPT practiced exam.
- This book provides added explanations in English, Chinese, and Korean for words and concepts that are difficult to understand, making it the perfect companion for independent study!

Best of luck in your studies!

本书是针对以下各为朋友而专门编写的学习辅导书。
▶ 决心考取"日语能力考试"N3资格的朋友。
▶ 已达到初级水平，并希望掌握中级能力水平的朋友。
▶ 想要听懂日语日常会话的朋友。

本书的特色
- 第1章，练习听力时，着重练习容易出错的发音或语法等基础内容。为听懂稍长的内容做好基础准备。
- 第2章，针对"日语能力考试"的问题形式，举例进行解说。在解答习题的同时逐渐习惯出题形式。
- 第3章及第4章，通过理解各种场景和会话内容，牢记日常生活中常用的表达方式。
- 每章都有测试，方便确认理解程度。
- 由于有模拟考试，可以以更接近实际考试的形式测试水平。
- 较难的句子附有英语、汉语、韩语的译文，易于自学。

好吧，让我们开始轻松愉快地学习吧！

이 책은 다음과 같은 사람을 위한 학습서 입니다.
▶ 「일본어 능력 시험」N3의 합격을 목표로 공부하고 있는 사람
▶ 초급을 마치고, 중급에 진급하기 위해 실력을 쌓고 싶은 사람
▶ 일상적인 회화를 듣고 이해할 수 있게 되고 싶은 사람

이 책의 특징
- 제1장 에서는, 청취 연습을 할 때, 틀리기 쉬운 발음이나 문법 등 기본적인 연습을 합니다. 조금 긴 회화를 듣기 전의 준비연습이 됩니다.
- 제2장에서는, 「일본어 능력 시험」문제 형식에 대해, 예를 들어 설명하고 있습니다. 연습 문제를 풀면서 문제 패턴에 익숙해지도록 합시다.
- 제3장과 제4장에서는 여러 장소나 내용에 대해 일상생활에서 자주 듣는 표현을 외웁시다.
- 각 장에는 테스트가 포함되어 있어 이해도를 확인할 수 있습니다.
- 모의 테스트가 있으므로, 보다 실제 테스트에 가까운 형식으로로 실력을 확인할 수 있습니다.
- 어려운 곳은 영어・중국어・한국어로 번역되어 있으니 혼자서도 공부할 수 있습니다.

그럼, 즐겁게 공부합시다！

目次

「日本語能力試験」N3 について ··············· 6
About the Japanese Language Proficiency Test (JLPT) Level N3
关于"日语能力考试"N3　「일본어 능력 시험」N3에 대해서

この本の使い方 ································· 8
How to use this book　本书的使用方法　이 책의 사용법

第1章　準備をしましょう ······················· 13
Mastering the Basics　做好基础准备　준비를 합시다

1　発音について ································· 14
2　文法について① ······························· 16
3　文法について② ······························· 18
4　会話表現① ··································· 20
5　会話表現② ··································· 22
6　まとめの問題 ································· 24

第2章　問題のパターンに慣れましょう ········· 27
Recognizing the Question Patterns　熟习问题形式　문제 패턴을 익힙시다

1　何と言いますか－発話表現－ ················· 28
2　どんな返事をしますか－即時応答－ ··········· 32
3　何をしますか－課題理解－ ··················· 36
4　どうしてですか－ポイント理解－ ············· 40
5　どんな内容ですか－概要理解－ ··············· 44
6　まとめの問題 ································· 48

第3章　いろいろな場所で聞きましょう ……………………………… 51
Understanding the Language Around You　听惯各种场景　여러 장소에서 들어 봅시다

1 町で …………………………………………………………………… 52
2 天気予報・交通情報 ………………………………………………… 56
3 学校で ………………………………………………………………… 60
4 職場で ………………………………………………………………… 64
5 病院・いろいろな店で ……………………………………………… 68
6 まとめの問題 ………………………………………………………… 72

第4章　いろいろな内容を聞きましょう ……………………………… 75
Identifying the Topic of Discussion　听懂各种内容　여러 가지 내용을 들어 봅시다

1 人や物のようす ……………………………………………………… 76
2 場所・方向・位置 …………………………………………………… 80
3 数・数字・計算 ……………………………………………………… 84
4 順序・比較 …………………………………………………………… 88
5 まとめの問題 ………………………………………………………… 92

模擬試験 ………………………………………………………………… 95
Practice test　模拟考试　모의고사

[別冊]　スクリプト／模擬試験の答え
Scripts/Answers for Practice test　试题脚本/模拟考试答案　스크립트/모의고사 정답

「日本語能力試験」N3について

About the Japanese Language Proficiency Test (JLPT) Level N3　关于"日语能力考试"N3　「일본어 능력 시험」N3에 대해서

●◆ 試験日

年2回（7月と12月の初旬の日曜日）
※海外では、試験が年1回の都市があります。

●◆ レベルと認定の目安

レベルは5段階（N1～N5）です。
N3の認定の目安は、「日常的な場面で使われる日本語をある程度理解することができる」です。

●◆ 試験科目と試験時間

N3	言語知識（文字・語彙）	言語知識（文法）・読解	聴解
	（30分）	（70分）	（40分）

●◆ 合否の判定

「得点区分別得点」と、それらを合計した「総合得点」の二つで合否判定を行います。得点区分ごとに基準点が設けられており、一つでも基準点に達していない場合は、総合得点が高くても不合格になります。

　　　　　　　　　　　　　　　　　　　　得点区分

N3	言語知識（文字・語彙・文法）	読解	聴解
0～180点	0～60点	0～60点	0～60点

総合得点　　　　　　　　　　　　得点の範囲

N3「聴解」の問題構成と問題形式

大問(だいもん)	小問数(しょうもんすう)	ねらい
課題理解(かだいりかい)	6	まとまりのあるテキストを聞いて、内容が理解できるかどうかを問う(具体的な課題解決に必要な情報を聞き取り、次に何をするのが適当か理解できるかを問う)
ポイント理解(りかい)	6	まとまりのあるテキストを聞いて、内容が理解できるかどうかを問う(事前に示されている聞くべきことをふまえ、ポイントを絞って聞くことができるかを問う)
概要理解(がいようりかい)	3	まとまりのあるテキストを聞いて、内容が理解できるかどうかを問う(テキスト全体から話者の意図や主張などが理解できるかを問う)
発話表現(はつわひょうげん)	4	イラストを見ながら、状況説明を聞いて、適切な発話が選択できるかを問う
即時応答(そくじおうとう)	9	質問などの短い発話を聞いて、適切な応答ができるかを問う

試験日、実施地、出願の手続きのしかたなど、「日本語能力試験」の詳しい情報は、日本語能力試験のホームページ https://www.jlpt.jp をご参照ください。

この本の使い方

How to use this book　本书的使用方法　이 책의 사용법

◆ **本書は、第1章から第4章と模擬試験があります。短い文の聞き取り練習、問題パターン別の練習、場面別、内容別の聞き取り練習で基礎固めをして、最後の模擬試験で聴解対策の仕上げができます。**

This book includes Chapters 1 to 4 and practice test. In these chapters you will practice understanding short passages, learn to recognize the various question patterns on the test, and improve your listening comprehension of different types of conversations and situations. After mastering the fundamentals, you can reinforce your listening skills by working through the practice test at the end of the book.

本书包含第1章到第4章以及模拟考试，分别通过短句的听力练习、不同问题类型的练习、不同类型及场景的听力练习牢固掌握基本功，再通过最后的模拟考试提高听解的综合能力。

이 책은 1장부터 4장까지와 모의고사가 포함되어 있습니다. 짧은 문장의 듣기 연습, 문제 패턴별 연습, 타입별, 장면별 듣기 연습으로 기초를 닦고, 마지막의 모의고사에서 청해 대책의 마무리를 할 수 있습니다.

第1章

◇ **まずここの音声を聞いて、問題を解いてみましょう。**
First, listen to the audio here and try solving the questions.
首先听这里的音频，然后试着解答问题。
먼저 여기 음성을 듣고 문제를 풀어 봅시다.

◇ **それぞれ短い文や会話で聞き取る練習をします。**
This page contains listening exercises designed to improve your understanding of short passages and conversations.
通过各种短句及会话练习听力。
각각 짧은 문장이나 회화로 듣기 연습을 합니다.

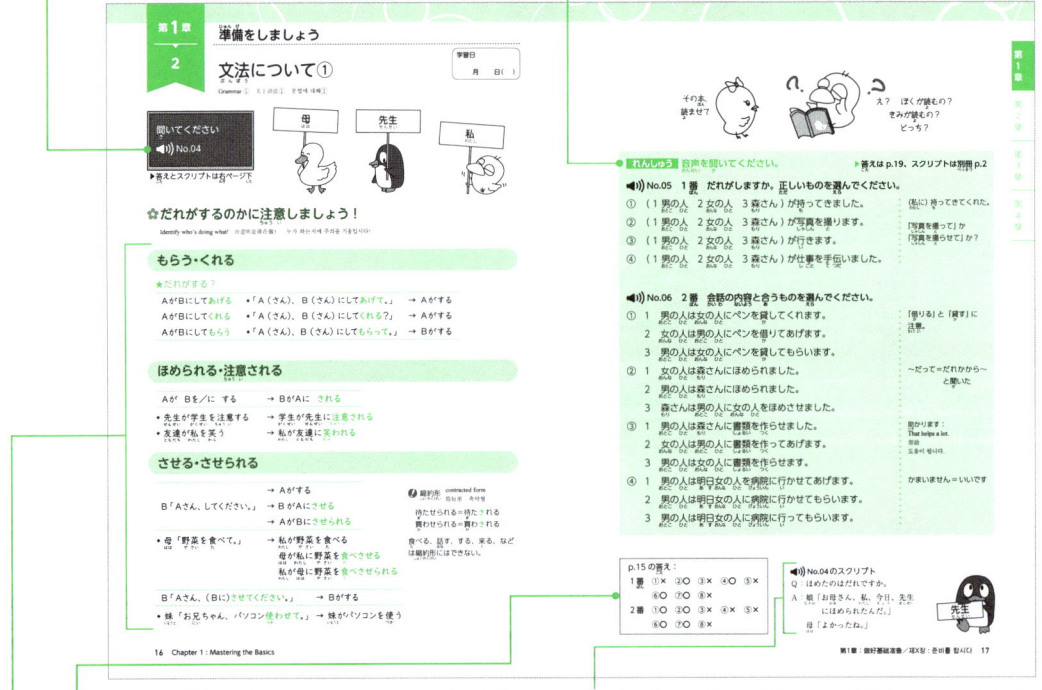

◇ **2ページ前の「れんしゅう」の答えです。**
These are the answers to " れんしゅう " from two pages earlier.
这是两页前"れんしゅう"的答案。
두 페이지 전 "れんしゅう"의 정답입니다.

◇ **左ページ上の問題の答えとスクリプトです。**
This is the answer to the question and the script at the top of the opposite page.
这是左页上方问题的答案和原文。
이것은 왼쪽 페이지의 외에 있는 문제의 답과 스크립트입니다.

◇ **間違いやすい発音や、受身、敬語などの難しい文法などに絞って、注意すべき項目を学びます。**
Key items to be learned are listed here, such as the passive voice, keigo (polite expressions), difficult grammar concepts, and easily mispronounced sounds.
着重学习容易出错的发音或被动、敬语等较难的语法，掌握应注意的项目。
틀리기 쉬운 발음이나 수동태, 존경어 등 어려운 문법을 골라, 주의해야 하는 항목을 학습합니다.

第2章

◇ 問題用紙に選択肢が印刷されているかいないか、説明や質問が事前にあるかないかなど、問題の流れとポイントを確認できます。

This section introduces the main points of each question pattern and describes the basic flow, such as whether the answers are printed on the question sheet and if an explanation or question is read beforehand.

问题考卷中是否印有答案选项、是否事先有说明或提问，可通过这些确认问题的前后关系及要点。

문제 용지에 선택지가 인쇄되어 있는지, 설명이나 질문이 사전에 있는지 없는지 등, 문제의 흐름과 요점을 확인할 수 있습니다.

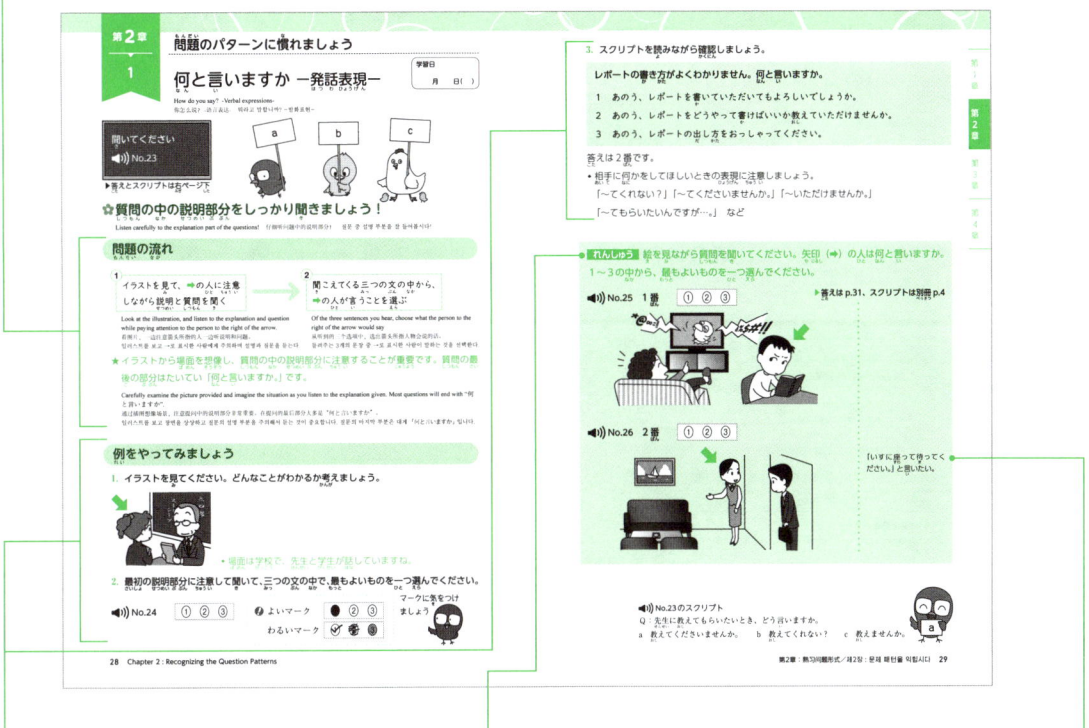

◇ 流れに沿って、例題を解いてみましょう。答えをマークしたら、スクリプトを読んで、理解できたかチェックをします。

Follow along and try to answer the example question provided. After filling in your answer, read through the script to check your comprehension.

应顺着语言前后顺序听懂并解答例题。选好答案之后，再通读问题原文，确认理解是否正确。

흐름에 따라서 예제를 풀어 봅시다. 답에 표시를 한 후 스크립트를 읽고, 이해했는가를 대조합니다.

◇ 練習問題で、問題のパターンに慣れましょう。

Work through the practice questions to familiarize yourself with the different patterns that appear on the test.

应通过练习题习惯出题形式。

연습 문제로 문제의 패턴에 익숙해지도록 합시다.

◇ 問題を解くのに役立つヒントがあります。

Don't forget to look here for tips on how to answer the questions!

附有帮助解答问题的提示。

문제를 푸는 데 도움이 되는 힌트가 있습니다.

第3章・第4章

◇ 場面別、内容別に、日常生活でよく聞く表現を覚えましょう。
Master the expressions commonly heard in everyday life by learning to identify the different contexts and situations in which they are used.
应牢记不同场景、不同内容、以及日常生活中常听到的表达方式。
장면별, 내용별로 일상생활에서 자주 듣는 표현을 익힙시다.

◇ 難しい表現には、やさしい日本語の言い換えや翻訳があります。
A translation or easy-to-understand Japanese equivalent is provided for difficult expressions.
较难的表达方式，附有易懂的日语同义词汇及中文翻译。
어려운 표현은 쉬운 일본어로 쓰여 있거나 번역되어 있습니다.

◇ 練習問題では、覚えた表現が話の中に出てきます。
The expressions you have learned often appear in the conversations played for the practice questions.
学过的表达方式会出现在习题的会话中。
연습 문제에는, 공부한 표현이 회화 중에 나옵니다.

もっと＋復習

◆ 第2章から第4章には、「もっと＋復習」のページがあります。
Chapters 2 to 4 include pages for " もっと＋復習 ."
第二章到第四章中有 " もっと＋復習 " 的页面。
2 장부터 4 장까지는 " もっと＋復習 " 페이지가 있습니다

◇ 前のページで勉強した内容にかかわる表現や、解くときのポイントをおさえましょう。
Memorize expressions related to the content studied on the previous page and pick up useful tips for answering the different questions.
让我们复习一下与前一页学习内容相关的表达和解题要点。
이전 페이지에서 공부한 내용과 관련된 표현과 문제를 풀 때의 포인트를 짚어 봅시다

◇ 「れんしゅう」の音声をもう一度聞き、空欄に聞こえたことばを書いて復習しましょう。
Listen to the audio for " れんしゅう " again, and write the words you hear in the blanks to review.
再听一遍 " れんしゅう " 的音频，并将听到的单词填写在空格中进行复习。
" れんしゅう " 의 음성을 다시 듣고, 빈칸에 들린 단어를 적어 복습합시다

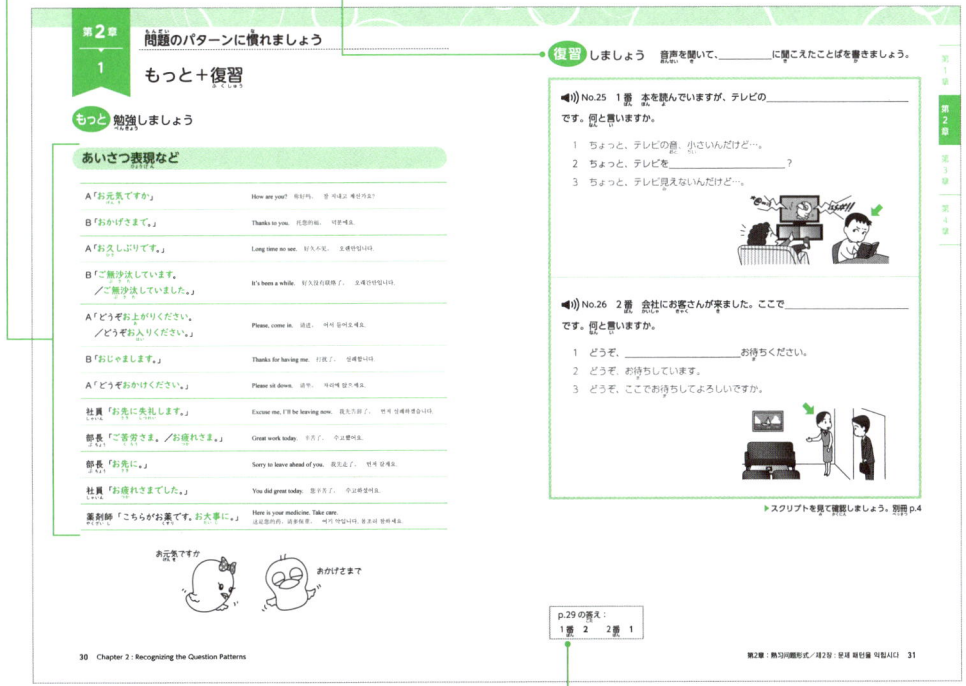

◇ 「れんしゅう」の答えです。
There is the answers to the " れんしゅう ".
" 练习 " 答案。
" 練習 " 의 답입니다

◆「まとめの問題」と「模擬試験」以外は、すべての漢字の下にルビがついています。ルビを隠しながら読むと漢字を読む練習になるでしょう。

Except for the summary questions and the practice exam, the kana reading is listed below all the kanji characters that appear in this book. Try covering the kana as you read through the txt to help sharpen your kanji reading ability.

综合问题及模拟考试以外，所有汉字词汇下方均标注假名。遮盖标注的假名来阅读，就能练习提高汉字读音能力。

'정리 문제' 와 '모의 고사' 이외의 모든 한자의 아래에 한자음 (루비) 이 쓰여 있습니다 . 그 한자음을 가리면서 읽으면 한자 읽이 연습이 됩니다 .

◆問題を解いたら、必ず答え合わせをして、スクリプトを読んで確認しましょう。スクリプトは別冊に書いてあります。巻末についていますので、取り外して使ってください。

After you answer the questions, read through the script as you check the answers. The script can be found in the removable booklet attached at the back of this book.

解答问题之后，务必阅读问题原文并核对答案。原文在附册在本书的最后，请裁剪下来使用。

문제를 푼 후 , 반드시 답을 맞추고 스크립트를 읽고 확인합시다 . 스크립트는 별책에 쓰여 있습니다 . 책 끝에 붙어 있으니 따로 떼어서 사용해 주세요 .

◆「まとめの問題」と「模擬試験」は、時間を計って、テストのつもりで解きましょう。制限時間内に終わらない場合も最後まで続けましょう。

The summary questions and the practice exam are timed, and you should try to solve them as if they were real tests. However, answer all the questions even if you are unable to finish within the time limit.

做综合问题和模拟考试时，请计算时间，当作真正的考试来解答。即使没能在规定的时间内完成，也坚持到最后吧。

'정리 문제' 와 '모의 고사' 는 시간을 재면서 실제 시험처럼 풀어 보세요 . 제한시간 내에 끝내지 못하더라도 끝까지 풀어 봅시다

◆音声は以下からダウンロードできます。

You can download audio from the link below.

音可以从以下键接下载。

음성은 아래에서 다운로드 가능합니다 .

・アスク出版のホームページ：

https://ask-books.com/book-details/?slug=9784866397733#audio-play

ASK publishing website　ASK 出版的主页　ASK 출판 홈페이지

・Apple Podcast・Spotify に対応しています。

Compatible with Apple Podcast and Spotify.
Apple Podcast 和 Spotify 中收听。
Apple Podcast, Spotify 에서도 이용 가능합니다 .

◆答え・スクリプトの場所は下の表の通りです。

The location of the answer and script is as shown in the table below.
答案和原文的位置，如下表所示。
정답 및 해설 또는 번역이 기재된 굿외운 아래 표와 같습니다 .

	答え Answer 解答　정답	スクリプト Script 问题原文　스크립트
第1章・第4章の1〜4 第2章・第3章の1〜5 れんしゅう	2ページ先	別冊
第1章の5 れんしゅう	「まとめの問題」の 最後のページ	
「まとめの問題」		
模擬試験	別冊	

第1章

準備をしましょう

Mastering the Basics
做好基础准备
준비를 합시다

第1章 準備をしましょう

1 発音について
Pronunciation　关于发音　발음에 대해

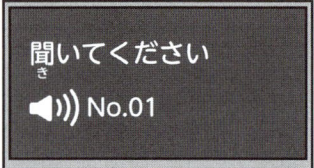

🌸 発音と表記に気をつけましょう！
Pay attention to pronunciation and notation!　注意发音和表记方式！　발음과 표기에 주의합시다！

「ちょっと」「まって」

★ 小さい「っ／ッ」があるかないかに注意！

音がなくても、1拍の長さがあります。
「ちょとまてください」は変です。「ちょっとまってください」と発音します。
また、「まち（町）」と「マッチ（match）」のように別の意味のことばになる場合があります。

Even pauses must be held for a certain length of time. "ちょとまてください" sounds strange. It should be pronounced "ちょっとまってください." In some cases, such as with まち and マッチ, the pause can even turn it into a different word.
即使本身没有发音，却会占一拍。「ちょとまてください」的发音就很奇怪。要发音为「ちょっとまってください」。另外，还有像「まち」和「マッチ」这样的情况，会变成其他意思的词语。
발음이 없어도 1박(拍)의 길이가 있습니다. 'ちょとまてください'는 틀린 발음입니다. 'ちょっとまってください'라고 발음합니다. 또 'まち'와 'マッチ'처럼 뜻이 다른 단어가 되는 경우가 있습니다.

「おとうさん」「おかあさん」

★ のばす音は書き方にも注意！　のばす音：elongated sound　拖长发音　길게 발음하는 소리

① カタカナの場合　→「ー」　　◆コーヒー　　◆スーパーマーケット
　　　　　　　　　　　　　　　◆インターネット　◆マナーモード
　　　　　　　　　　　　　　　◆エレベーター　　◆エスカレーター

14　Chapter 1 : Mastering the Basics

②ひらがなの場合 → 「あ」「い」「う」「え」「お」

—a：あ	おかあさん　おばあさん　まあ
—i：い	おにいさん　ちいさい　いいえ
—u：う	すうがく　れんしゅう　ちゅうい
—e：い	とけい　せんせい　がくせい
—o：う	おとうさん　がっこう　とうきょう　ようか

★ 例外に注意！

おねえさん（お姉さん）　　おおきい（大きい）　　とおり（通り）　　とおか（十日）
×おねいさん　　　　　　×おうきい　　　　　　×とうり　　　　×とうか

れんしゅう 音声を聞いてください。　　▶答えはp.17、スクリプトは別冊p.2

🔊 No.02　1番　小さい「っ／ッ」に注意して聞きましょう。音声と同じものには〇、違うものには×を書いてください。

① (　　) まち　　　　　　② (　　) まっすぐ
③ (　　) せけん　　　　　④ (　　) ポケット
⑤ (　　) ゆくり　　　　　⑥ (　　) ちかてつ
⑦ (　　) ストップ　　　　⑧ (　　) いてらっしゃい

🔊 No.03　2番　のばす音「あ・い・う・え・お・ー」に注意して聞きましょう。音声と同じものには〇、違うものには×を書いてください。

① (　　) セーター　　　　② (　　) ゆうびんきょく
③ (　　) とけい　　　　　④ (　　) おじいさん
⑤ (　　) おうきい　　　　⑥ (　　) おばさん
⑦ (　　) しゅみ　　　　　⑧ (　　) ビール

🔊 No.01のスクリプト
Q：何と言いましたか。
A：「ちょっと待って。」

第1章 準備をしましょう

2 文法について①

Grammar ①　关于语法①　문법에 대해①

学習日　月　日(　)

> 聞いてください
> 🔊 No.04
>
> ▶答えとスクリプトは右ページ下

母（はは）

先生（せんせい）

私（わたし）

❀ だれがするのかに注意しましょう！

Identify who's doing what!　注意听是谁在做！　누가 하는지에 주의를 기울입시다!

もらう・くれる

★だれがする？

AがBにして**あげる**	◆「A（さん）、B（さん）にして**あげて**。」	→ Aがする
AがBにして**くれる**	◆「A（さん）、B（さん）にして**くれる？**」	→ Aがする
AがBにして**もらう**	◆「A（さん）、B（さん）にして**もらって**。」	→ Bがする

ほめられる・注意される

AがBを／に　する	→ BがAに　**される**
◆先生が学生を注意する	→ 学生が先生に**注意される**
◆友達が私を笑う	→ 私が友達に**笑われる**

させる・させられる

	→ Aがする
B「Aさん、してください。」	→ BがAに**させる**
	→ AがBに**させられる**
◆母「野菜を食べて。」	→ 私が野菜を食べる
	母が私に野菜を**食べさせる**
	私が母に野菜を**食べさせられる**
B「Aさん、（Bに）**させてください**。」	→ Bがする
◆妹「お兄ちゃん、パソコン**使わせて**。」	→ 妹がパソコンを使う

> ⚠ **縮約形** contracted form
> 简短形　축약형
>
> 待たせられる＝待たされる
> 買わせられる＝買わされる
>
> 食べる、話す、する、来る、などは縮約形にはできない。

16　Chapter 1 : Mastering the Basics

その本、読ませて

え？ ぼくが読むの？
きみが読むの？
どっち？

れんしゅう 音声を聞いてください。　　　▶答えは p.19、スクリプトは別冊 p.2

🔊 **No.05　1番　だれがしますか。正しいものを選んでください。**

① （1 男の人　2 女の人　3 森さん）が持ってきました。　　（私に）持ってきてくれた。
② （1 男の人　2 女の人　3 森さん）が写真を撮ります。　　「写真を撮って」か
③ （1 男の人　2 女の人　3 森さん）が行きます。　　　　　「写真を撮らせて」か？
④ （1 男の人　2 女の人　3 森さん）が仕事を手伝いました。

🔊 **No.06　2番　会話の内容と合うものを選んでください。**

① 1　男の人は女の人にペンを貸してくれます。　　「借りる」と「貸す」に
　 2　女の人は男の人にペンを借りてあげます。　　注意。
　 3　男の人は女の人にペンを貸してもらいます。

② 1　女の人は森さんにほめられました。　　　　　～だって＝だれかから～
　 2　男の人は森さんにほめられました。　　　　　　　　　と聞いた
　 3　森さんは男の人に女の人をほめさせました。

③ 1　男の人は森さんに書類を作らせました。　　　助かります：
　 2　女の人は男の人に書類を作ってあげます。　　That helps a lot.
　 3　男の人は女の人に書類を作らせます。　　　　帮助
　　　　　　　　　　　　　　　　　　　　　　　　도움이 됩니다.

④ 1　男の人は明日女の人を病院に行かせてあげます。　かまいません＝いいです
　 2　男の人は明日女の人に病院に行かせてもらいます。
　 3　男の人は明日女の人に病院に行ってもらいます。

---

p.15 の答え：
1番　①×　②○　③×　④○　⑤×
⑥○　⑦○　⑧×
2番　①○　②○　③×　④×　⑤×
⑥○　⑦○　⑧×

🔊 **No.04のスクリプト**

Q：ほめたのはだれですか。

A：娘「お母さん、私、今日、先生にほめられたんだ。」

　　母「よかったね。」

先生

第1章：做好基础准备／제X장：준비를 합시다

第1章 準備をしましょう
3 文法について②

Grammar ② 关于语法② 문법에 대해②

学習日　月　日(　)

聞いてください
🔊 No.07

▶答えとスクリプトは右ページ下

❀ 使えなくても、敬語の意味が聞き取れるようにしましょう！

Make an effort to understand keigo (polite expressions), even if you find these expressions difficult to use!
即使自己不会用，也应能听懂敬语的含义！　자기 자신은 사용하지 않더라도, 존경어 의미를 알아들을 수 있도록 합시다!

「します」の
尊敬語は「なさいます」、
謙譲語は「いたします」です。

尊敬語：honorific expressions　尊敬语　존경어
謙譲語：humble expressions (used when addressing a superior or customer)　自谦语　겸양어

意味がひとつではない敬語表現

❶ うかがう（伺う）

- 尋ねる　to ask (for information), to inquire　询问　묻다　　　ちょっと伺いますが、駅はどちらでしょうか。
- 聞く　to listen/hear/ask　打听　듣다　　　その話は〇〇先生から伺いました。
- 訪問する　to pay a visit, to call (on someone)　访问　방문하다　　　1時ごろ、伺います。

❷ いらっしゃる

- 行く　先生は京都へいらっしゃいました。　＊〜でいらっしゃいます＝〜です
- いる　奥様、いらっしゃいますか。
- 来る　2時にいらっしゃってください。　＊「いらしてください」とも言う。

尊敬表現

❶ 受身形（うけみけい）

- もうお土産は買われましたか。
- どうされましたか。（＝どうしましたか）

❷ お／ご〜です

- ご注文はお決まりですか。（＝決まりましたか）
- ご主人はご在宅でしょうか。（＝家にいますか）

❸ お／ご〜になる

- この電車は車庫に入ります。ご利用になれません。
  車庫：garage, train shed　车库　차고

- 番号札７番でお待ちのお客様、どうぞ。（＝お待ちになっている）
  番号札：number (numbered ticket)　号码牌　번호표

❹ お／ご〜ください

- 揺れますから、つり革におつかまりください。
  This train may shake or sway, so please hold on to the strap.　车会摇晃，请抓紧吊环。　흔들리니 손잡이를 잡으십시오.

- ３番線、まもなく電車が参ります。ご注意ください。

れんしゅう　音声を聞いてください。　▶答えは p.21、スクリプトは別冊 p.2

🔊 **No.08　１番　内容の正しいほうを選んでください。**

① 1　どこから来ましたか　　　2　どこに住んでいますか
② 1　仕事は何をしているか　　2　注文は何にするか
③ 1　荷物を預かります　　　　2　荷物を預かってください

🔊 **No.09　２番　会話の内容と合うものを選んでください。**

① 1　男の人は女の人に聞きたいことがある。
　 2　男の人は女の人を訪問する。
　 3　男の人は女の人にいつ来るか聞いた。
② 1　男の人は明日の１０時までここにいる。
　 2　男の人は明日の１０時までにここに来る。
　 3　女の人は明日の１０時までにここに来る。
③ 1　男の人はだれかを探しているようです。
　 2　男の人は道に迷ったようです。
　 3　女の人は店員のようです。
④ 1　男の人は番号札２番の人を呼びました。
　 2　男の人はクーポンを持っている人を呼びました。
　 3　男の人はレジの順番が次の人を呼びました。

クーポン：
coupon
优惠券
쿠폰

レジ：
cash register
收银台
계산대

---

p.17 の答え：
１番　①2　②1　③3　④2
２番　①3　②1　③2　④2

🔊 No.07のスクリプト
Q：店の人は注文をとるときどう言いますか。

何になさいますか

第1章 準備をしましょう

4 会話表現①

Conversational Phrases ①　会話表现①　회화표현①

学習日　　月　日（　）

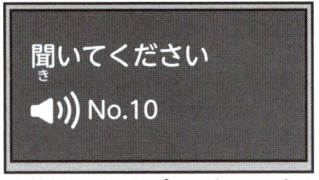
▶答えとスクリプトは右ページ下

❀ 会話らしい表現ややりとりに慣れましょう！

Master basic phrases and patterns used in conversation!
应习惯会话特有的表达方式！　회화다운 표현이나 주고 받는 말을 익힙시다!

ない・わけ・ことを使った表現

❶ **～じゃない？**　＊意見：～と思う　I think - (Used to indicate opinion or thought)　我觉得～　～라고 생각한다

◆ 雨、降る**じゃない？**（＝雨が降ると思う）
◆ 雨、降らないん**じゃない？**（＝雨が降らないと思う）

❷ **～てくれない？**　**～てもらえない？**　＊依頼：～てくれませんか／～てもらえませんか

◆ 荷物、ここに置い**てくれない？**
◆ 見せ**てもらえない？**

❸ **～ないかな**　＊希望：～てほしい

◆ 早く来**ないかな**。

❹ **～ことになっている**　＊～という規則がある／～という約束をした

◆ この日を過ぎるとキャンセル料をいただく**ことになっています**。
◆ 会社の人が空港まで迎えに来てくれる**ことになっています**。

❺ **～わけだ**　＊～のは当然だ

◆ 暑い**わけだ**。30 度もある。
　No wonder it's hot. It's 30 degrees.　难怪这么热，温度有30度。　더운 이유가 있네. 30도나 되네.

❻ **～わけじゃない**　＊～という理由ではない

◆ 嫌いな**わけじゃない**けど、食べないんです。
　It's not that I dislike it, but I don't eat it.　我不是讨厌它，只是不吃。　싫어하는 건 아닌데, 먹지 않아요.

20　Chapter 1 : Mastering the Basics

気持ちを表す表現

- やった！：うれしい
- さすが！：ほめるときに言う。
- うそ！：びっくりしている。
- へえー！：感心したり、驚いたりしている。
- ぜひ！：〜したい
- もう！：怒ったり、不満を表す。

ねえねえ、これってよくなくない？

いい？よくない？どっち？

れんしゅう 音声を聞いてください。　　▶答えは p.23、スクリプトは別冊 p.2〜3

🔊 No.11　1番　女の人の答えはどちらの意味ですか。正しいほうを選んでください。

① 1　よくない
　 2　いい
② 1　混んでいる理由がわかった
　 2　なぜ混んでいるのかわからない
③ 1　ダイエットはしていない
　 2　ダイエットしている
④ 1　早く始まってほしくない
　 2　早く始まってほしい
⑤ 1　話しかけてもらいたくない
　 2　話しかけてもらいたい

まったく：あきれたり、怒ったりしたときに使う表現。

あと（数量）＝残り（数量）

それでさあ＝それでね

🔊 No.12　2番　女の人の気持ちはどちらですか。正しい方を選んでください。

① 1　心配している
　 2　感心している
② 1　行きたい
　 2　あまり行きたくない

---

p.19の答え：
1番　①2　②2　③1
2番　①1　②2　③3　④3

🔊 No.10のスクリプト
Q：どういう意味ですか。
A：「今日は寒くなくない？」

寒くないよね

第1章：做好基础准备／제X장：준비를 합시다

第1章 準備をしましょう

5 会話表現②

Conversational Phrases ②　会話表现②　회화표현②

学習日　月　日（　）

聞いてください　No.13

▶ 答えとスクリプトは右ページ下

「なくなっちゃった」「買わなくちゃ」

★短い話しことばに注意！

～ちゃった・～じゃった（＝～てしまった・～でしまった）	食べちゃった
～ちゃう・～じゃう（＝～てしまう・～でしまう）	食べちゃう
～ちゃおう・～じゃおう（＝～てしまおう・～でしまおう）	食べちゃおう
～なくちゃ（＝～なくてはいけない）	食べなくちゃ
～なきゃ（＝～なければならない）	食べなきゃ
～ちゃ～・～じゃ～（＝～ては～・～では～）	食べちゃいけない
～てる・～でる（＝～ている・～でいる）	食べてる
こっち・そっち・あっち・どっち（＝こちら・そちら・あちら・どちら）	

★助詞もよく省略されます。
Particles are often omitted in Japanese.　助词也经常被省略。　조사도 자주 생략됩니다.

◆ そろそろ学校（へ）行かなきゃ。　　　◆ これ（を）食べる？

会話の省略

◆ A：あの番組おもしろいね。
　B：<u>でしょ？</u>
　　（＝おもしろいでしょう、私もそう思います。）

◆ A：おかげさまで、試験に…
　B：合格したんですね、おめでとう。
　　＊おかげさまで：よい結果に使う

★会話では、話し手と聞き手が共同で一つの文を作ったり、言わなくてもわかる場合は文の一部が省略されたりすることがよくあります。

In Japanese conversation the speaker and listener "work together" to construct sentences and complete each other's thoughts. Things mutually understood by both parties are often omitted from the conversation.
在会话中，经常会有说者与听者共同说完一整句话，或在不言自明的场合将话中的一部分省略的情况。
회화에서는 말하는 사람과 듣는 사람의 대화 중에 한 문장이 만들어지거나, 말하지 않아도 알 수 있는 부분은 문장에서 생략되기도 합니다.

（電話を／椅子に／メガネを）かける

★ 意味がひとつではないことばの敬語表現に注意！

- 椅子などに座る　　おかけください。　おかけになってお待ちください。
- 電話をかける　　　おかけになった電話番号は現在使われておりません。
- メガネをかける　　こちらのメガネをおかけください。（メガネ店で）

れんしゅう　音声を聞いてください。　　▶答えは p.26、スクリプトは別冊 p.3

🔊 No.14　1番　内容の正しいほうを選んでください。

① 1　電話をかけてください
　 2　座って待っててください
② 1　メニューを持ってきました
　 2　メニューを持ってきてください

🔊 No.15　2番　男の人のあとに続くのはどちらですか。正しい方を選んでください。

① 1　使えなくなりました。
　 2　使えるようになりました。
② 1　わかりました。
　 2　わかりません。

とうとう：いい結果も悪い結果もあるが、「…けど」と言っている。

🔊 No.16　3番　女の人の返事はどちらの意味ですか。正しい方を選んでください。

① 1　大丈夫です、受け付けます
　 2　受付をすることはできません
② 1　先に帰ります
　 2　いっしょに帰ります

---

p.21 の答え：
1番　①2　②1　③1　④2　⑤1
2番　①2　②1

🔊 No.13のスクリプト
Q：「飲んでしまった」と言っているのはどれですか。

第1章 準備をしましょう

6 まとめの問題

制限時間：5分
答えは p.26
スクリプトは別冊 p.3～4
点数 ／100

問題Ⅰ

5点×5問

音声を聞いて、1～4の中から正しいものを一つ選んでください。

🔊 **No.17** 発音したのはどれですか。

① 1 ふと　　　2 ふとう　　　3 ふっとう　　　4 ふうとう
② 1 とかい　　2 とうかい　　3 とけい　　　　4 とうけい
③ 1 オトマチク　　　　　　2 オートマチック
　　3 オットマチーク　　　　4 オトマーチク
④ 1 だいひょう　2 だいひゅう　3 らいひょう　4 たいひゅう
⑤ 1 さんぎょう　2 さんにょう　3 ざんぎょう　4 ざんにょう

問題Ⅱ

3点×25問

音声を聞いて、正しいほうを選んでください。

🔊 **No.18** 1番　どちらの意味ですか。

① 1 行かなかった　　　　2 行かなければならない
② 1 見てしまいました　　2 見てしまいましょう
③ 1 こちらへ来てください　2 これを切ってください
④ 1 見てほしくない　　　2 見てほしい
⑤ 1 乗車できる　　　　　2 乗車できない

🔊 **No.19** 2番　だれがしますか。

① （1 男の人　2 女の人）が写真を撮ります。
② （1 男の人　2 女の人）が払います。
③ （1 男の人　2 女の人）が借ります。
④ （1 男の人　2 女の人）が教えてもらいます。
⑤ （1 男の人　2 女の人）がほめられました。

🔊 **No.20　3番　内容と合っているのはどちらですか。**

① 1　来なかったら30分待たないで帰ってもいい。
　　2　来なくても30分は待たなければならない。

② 1　この仕事は好きだが給料はよくない。
　　2　この仕事は給料がいいから好きだ。

③ 1　来週は今週より忙しくなると思う。
　　2　来週は少しひまになると思う。

④ 1　10年もいれば上手になるのは当然だ。
　　2　10年いても上手になるわけではない。

⑤ 1　午後は用事がある。
　　2　午前は都合が悪い。

🔊 **No.21　4番　どちらの意味ですか。**

① 1　男の人は発表させます。
　　2　男の人は発表させられます。

② 1　女の人はカットしてもらいます。
　　2　女の人はカットさせられます。

③ 1　男の人は女の人を来させます。
　　2　女の人は男の人に来られます。

④ 1　女の人は男の人に笑われました。
　　2　男の人は女の人を笑わせました。

⑤ 1　女の人は男の人に先に食事に行かれます。
　　2　男の人は女の人を先に食事に行かせます。

🔊 No.22　5番　どちらの意味ですか。

① 1　田中さんですか。
　 2　田中さんが来ました。

② 1　名前を教えてください。
　 2　名前は聞いて知っています。

③ 1　名前を書いたら持ってきてください。
　 2　名前を書いて待ってください。

④ 1　どうしたんですか。
　 2　どうしますか。

⑤ 1　証明書を書いて、持ってきてください。
　 2　証明書を書くから、それを持っていってください。

---

p.23の答え：
1番　①2　②1
2番　①1　②2
3番　①2　②1

まとめの問題（p.24～p.26）の答え：
問題Ⅰ　①4　②3　③2　④1　⑤1
問題Ⅱ　1番　①2　②2　③1　④1　⑤2
　　　　2番　①1　②2　③2　④1　⑤1
　　　　3番　①2　②1　③2　④1　⑤2
　　　　4番　①2　②1　③1　④1　⑤2
　　　　5番　①1　②2　③2　④1　⑤2

第2章

問題のパターンに慣れましょう

Recognizing the Question Patterns
熟习问题形式
문제 패턴을 익힙시다

第2章

1 問題のパターンに慣れましょう

何と言いますか －発話表現－

How do you say? -Verbal expressions-
你怎么说？-语言表达-　뭐라고 말합니까？－발화표현－

学習日　　月　　日(　)

聞いてください
🔊 No.23

▶答えとスクリプトは右ページ下

❀ 質問の中の説明部分をしっかり聞きましょう！

Listen carefully to the explanation part of the questions!　仔细听问题中的说明部分！　질문 중 설명 부분을 잘 들어봅시다！

問題の流れ

1 イラストを見て、➡の人に注意しながら説明と質問を聞く

2 聞こえてくる三つの文の中から、➡の人が言うことを選ぶ

Look at the illustration, and listen to the explanation and question while paying attention to the person to the right of the arrow.
看图片，一边注意箭头所指的人一边听说明和问题。
일러스트를 보고 →로 표시한 사람에게 주의하며 설명과 질문을 듣는다.

Of the three sentences you hear, choose what the person to the right of the arrow would say
从听到的三个选项中，选出箭头所指人物会说的话。
들려주는 3개의 문장 중 →로 표시한 사람이 말하는 것을 선택한다.

★ **イラストから場面を想像し、質問の中の説明部分に注意することが重要です。質問の最後の部分はたいてい「何と言いますか。」です。**

Carefully examine the picture provided and imagine the situation as you listen to the explanation given. Most questions will end with "何と言いますか".
通过插图想像场景，注意提问中的说明部分非常重要。在提问的最后部分大多是"何と言いますか"。
일러스트를 보고 장면을 상상하고 질문의 설명 부분을 주의해서 듣는 것이 중요합니다. 질문의 마지막 부분은 대게「何と言いますか」입니다.

例をやってみましょう

1. イラストを見てください。どんなことがわかるか考えましょう。

・場面は学校で、先生と学生が話していますね。

2. 最初の説明部分に注意して聞いて、三つの文の中で、最もよいものを一つ選んでください。

🔊 No.24　　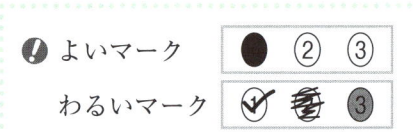　

28　Chapter 2 : Recognizing the Question Patterns

3. スクリプトを読みながら確認しましょう。

レポートの書き方がよくわかりません。何と言いますか。
1 あのう、レポートを書いていただいてもよろしいでしょうか。
2 あのう、レポートをどうやって書けばいいか教えていただけませんか。
3 あのう、レポートの出し方をおっしゃってください。

答えは2番です。

◆ 相手に何かをしてほしいときの表現に注意しましょう。
「〜てくれない?」「〜てくださいませんか。」「〜いただけませんか。」
「〜てもらいたいんですが…。」 など

れんしゅう 絵を見ながら質問を聞いてください。矢印(➡)の人は何と言いますか。
1〜3の中から、最もよいものを一つ選んでください。

🔊 No.25　1番　① ② ③　　　　　　　　　　▶答えはp.31、スクリプトは別冊p.4

🔊 No.26　2番　① ② ③

「いすに座って待ってください。」と言いたい。

🔊 No.23のスクリプト
Q:先生に教えてもらいたいとき、どう言いますか。
a 教えてくださいませんか。　　b 教えてくれない?　　c 教えませんか。

第2章 問題のパターンに慣れましょう

1 もっと＋復習

もっと 勉強しましょう

あいさつ表現など

A	「お元気ですか」	How are you?　你好吗。　잘 지내고 계신가요?
B	「おかげさまで。」	Thanks to you.　托您的福。　덕분에요.
A	「お久しぶりです。」	Long time no see.　好久不见。　오랜만입니다.
B	「ご無沙汰しています。／ご無沙汰していました。」	It's been a while.　好久没有联络了。　오래간만입니다.
A	「どうぞお上がりください。／どうぞお入りください。」	Please, come in.　请进。　어서 들어오세요.
B	「おじゃまします。」	Thanks for having me.　打扰了。　실례합니다.
A	「どうぞおかけください。」	Please sit down.　请坐。　자리에 앉으세요.
社員	「お先に失礼します。」	Excuse me, I'll be leaving now.　我先告辞了。　먼저 실례하겠습니다.
部長	「ご苦労さま。／お疲れさま。」	Great work today.　辛苦了。　수고했어요.
部長	「お先に。」	Sorry to leave ahead of you.　我先走了。　먼저 갈게요.
社員	「お疲れさまでした。」	You did great today.　您辛苦了。　수고하셨어요.
薬剤師	「こちらがお薬です。お大事に。」	Here is your medicine. Take care.　这是您的药。请多保重。　여기 약입니다. 몸조리 잘하세요.

お元気ですか

おかげさまで

復習しましょう　音声を聞いて、_____に聞こえたことばを書きましょう。

🔊 No.25　1番　本を読んでいますが、テレビの_____です。何と言いますか。

1　ちょっと、テレビの音、小さいんだけど…。
2　ちょっと、テレビを_____？
3　ちょっと、テレビ見えないんだけど…。

🔊 No.26　2番　会社にお客さんが来ました。ここで_____です。何と言いますか。

1　どうぞ、_____お待ちください。
2　どうぞ、お待ちしています。
3　どうぞ、ここでお待ちしてよろしいですか。

▶スクリプトを見て確認しましょう。別冊 p.4

p.29 の答え：
1番　2　　2番　1

第2章 問題のパターンに慣れましょう

2 どんな返事をしますか ―即時応答―

How would you respond? -Quick response-
会作出怎样的答复 -即时应答-
어떤 대답을 할 것인가 —즉시응답—

学習日　月　日（　）

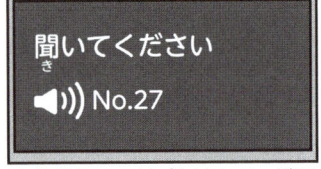
聞いてください
No.27
▶答えとスクリプトは右ページ下

 a
 b
 c

🍀 間接的な返事に注意しましょう！

Pay close attention to indirect responses to questions!
应注意间接回答！　간접적인 답변에 주의합시다!

問題の流れ

問題用紙に何も印刷されていません。1対1の対話です。

Each question consists of a dialogue between two people. The question sheets for this part of the test are blank.
问题卷上没有印刷任何内容。都是1对1的对话。　문제 용지에 아무것도 인쇄되어 있지 않습니다. 일대일의 대화입니다.

1 短い文を聞く → **2** 聞こえてくる返事の中から最もよいものを選ぶ

Listen to a short sentence.
听短句。
짧은 문장을 듣는다.

Of the sentences you hear, choose the best response.
从听到的回答中选出最佳选项。
들려주는 대답 중에서 가장 적절한 것을 고른다.

★ **始めの文に注意して聞くことが重要です。返事は、直接的な返事ではない場合も多いです。**

Pay special attention to the first part of the conversation. Often the other person will produce an indirect response to what the first person says.
听清开头的句子很重要。往往在回答时不会直面回答。
시작하는 문장을 주의 깊게 듣는 것이 중요합니다. 답변은 직접적인 대답이 아닐 경우가 많습니다.

★ **誘われて断るときは、間接的な断り方をする場合がよくあります。**

Often, when you are invited to something, you may decline in an indirect way.
在拒绝邀请时，经常采用间接的拒绝方式。
권유를 받고 거절할 때는 간접적인 거절을 하는 경우가 자주 있습니다.

例をやってみましょう

1. 最初の文を注意して聞いて、そのあとの三つの返事の中で、最もよいものを一つ選んでください。

 No.28　① ② ③　　• 直接的な答え方ではないので注意しましょう。

32　Chapter 2 : Recognizing the Question Patterns

2. スクリプトを読みながら確認しましょう。

> いつまで日本にいらっしゃいますか。
> 1　明日で、日本に来てから1年になるんです。
> 2　来年くらいに日本に行きたいと思っているんですが…。
> 3　来年の3月ごろ、帰ろうかなと思っています。

答えは3番です。

- 直接的な返事は「来年の3月まで日本にいます。」ですが、ここでは「います」ということばを使っていません。

  A direct response might be, "来年の3月まで日本にいます." However, the word "います" is not used here.
  虽然直接的回答是「来年の3月まで日本にいます。」，但是这里没有使用「います」这个词。
  직접적인 대답은 '来年の3月まで日本にいます。'이지만, 여기서는 'います'라는 말을 사용하고 있지 않습니다.

れんしゅう まず文を聞いてください。それから返事を聞いて、1～3の中から、最もよいものを一つ選んでください。

▶答えは p.35、スクリプトは別冊 p.4

🔊 No.29　1番　① ② ③

🔊 No.30　2番　① ② ③

🔊 No.31　3番　① ② ③

- 誘いに対して、間接的に断っている
- Indirectly declining an invitation.
- 间接的拒绝邀请。
- 권유를 받고 간접적으로 거절하고 있다.

🔊 No.27のスクリプト
Q：どう答えればいいですか。
A：「今度の日曜日、映画に行きませんか？」
　a　行きたくないです。　　b　どうぞ行ってください。　　c　その日はちょっと…。

第2章 問題のパターンに慣れましょう

2 もっと＋復習

もっと 勉強しましょう

あいさつなどに対しての返事
Response to greetings, etc.
面对寒暄时的回答　인사 등에 대한 대답

A	「どうぞお召し上がりください。」	Please help yourself.　请吃吧。　자아, 어서 드세요.
B	「どうぞおかまいなく。」	There's no need to trouble yourself. 请您不要张罗啦。　부디, 신경 쓰지 마십시오.
B	「では、遠慮なくいただきます。」	Thank you very much. 那我就不客气了。　그럼, 사양하지 않고 먹겠습니다.
A	「もっといかがですか。」	Would you like some more?　再吃点吧。　더 드시지 않겠습니까?
B	「もうけっこうです。」	No thank you. / That's alright. I'm fine. 已经足够了。　충분합니다.

誘いに対して断るときの返事
Response when declining an invitation, etc.
拒绝邀请时的回答　권유를 받고 거절할 때의 대답

間接的な答え方だけでなく、断るときは語尾が長くなるなど、言い方にも注意しましょう。
Not only should you respond indirectly, but also be mindful of how you say things, like using longer endings when refusing.
不仅要间接回答，拒绝时还要注意表达方式，比如语尾拉长。
간접적으로 대답하는 것뿐만 아니라, 거절할 때 말끝을 길게 하는 등 말하는 방식에도 신경 써야 해요.

A 「来週の日曜日に映画に行きませんか。」
B 「あー、日曜日は、予定が入っているんです…」／「あー、その日は、ちょっと…」

今度の日曜日、映画に行かない？

行きたくない！

そういう断り方は、失礼です！

34　Chapter 2 : Recognizing the Question Patterns

復習しましょう

音声を聞いて、_____に聞こえたことばを書きましょう。

🔊 No.29　1番

_____が悪いですよ。どうしたんですか。

1　小さい頃は、よくそう言われましたが…。
2　顔の色は、なんともないですが…。
3　さっきから、ちょっと_____が…。

🔊 No.30　2番

どうぞ、_____ください。

1　どうぞ_____。
2　遠慮していただきます。
3　では、お邪魔します。

🔊 No.31　3番

山田さん、お昼に、新しくできたおそば屋さんに_____？

1　私は、うどんよりおそばがいいな。
2　そうそう、新しいコンビニができたんだって？
3　あ、今日は、お弁当_____んだ。

▶スクリプトを見て確認しましょう。別冊 p.4

---

p.33の答え：
1番 **3**　　2番 **1**　　3番 **3**

第2章 -3 問題のパターンに慣れましょう

何をしますか ―課題理解―

What will you do next? -Task-based comprehension-
接下来要做什么 -问题理解- 지금부터 무엇을 하나요? ―과제이해―

学習日　　月　　日（　）

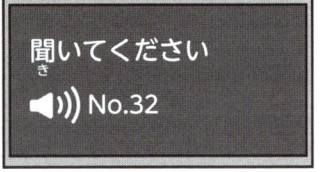
聞いてください
🔊 No.32

▶答えとスクリプトは右ページ下

❀ 印刷されたイラストや文字をすばやく見ておきましょう！

Take a quick glance at the printed illustrations and characters!
快速浏览印刷的图片和文字！　인쇄된 일러스트나 문자를 재빨리 확인합시다！

問題の流れ

問題用紙に選択肢がイラストか文字で印刷されています。

The question sheets for this part of the test each contain selections of words or illustrations.
问题卷上印有答案选项的插图或文字。　문제용지에 선택지가 일러스트나 문자로 인쇄되어 있습니다.

1 説明と質問を聞く	→	2 話を聞く	→	3 もう一度質問を聞く	→	4 答えを選ぶ
Listen to the explanation and question. 听说明和问题 설명과 질문을 듣는다.		Listen to the story. 听内容。 이야기를 듣는다.		Listen to the question again. 再听一次问题。 다시 한번 질문을 듣는다.		Choose the answer. 选择答案。 답을 고른다.

例をやってみましょう

1. 選択肢を読んでおきましょう。

```
1  病院に行く
2  病院に電話する
3  病院の電話番号を調べる
4  病院の場所を調べる
```

選択肢は短いので
すぐに読めるよ。

◆ 選択肢から、病院に関係のある行動を選ぶ問題であることがわかりますね。

2. 最初の説明と質問、そのあとの話を注意して聞きます。選択肢の中で、最もよいものを一つ選んでください。

🔊 No.33　

3. スクリプトを読みながら確認しましょう。

男の人と女の人が話しています。男の人は、これからどうしますか。

女：どうしたの？

男：昨日から肩が痛くて…テニスでがんばりすぎたせいかなあ。冷やしてみようかな。

女：その前に、お医者さんに行ったほうがいいよ。ほら、去年行ったところに。でも、今日やっているかどうかわからないから、行く前に電話してみたら？

男：うん、でも診察券もどこにあるかわからないし、電話番号がわからないよ。

女：ネットで検索すればいいじゃない。

男：そうだね。

男の人は、これからどうしますか。

答えは3番です。

◆ 病院が休みかもしれないので、行くかどうかはわかりません。場所はわかっています。

れんしゅう まず質問を聞いてください。それから話を聞いて、1～4の中から、もっともよいものを一つ選んでください。

▶答えは p.39、スクリプトは別冊 p.4～5

No.34　1番　① ② ③ ④

1　1800円　　2　2000円
3　2160円　　4　2400円

お買い上げの場合＝買った場合

No.35　2番　① ② ③ ④

1　プリントを分ける
2　教室の窓を開ける
3　田中先生のところに行く
4　プリントを教室に持って行く

No.32のスクリプト
Q：まず、何をしますか。
A：「選択肢を読んだあとで、質問を聞きましょう。」
a　選択肢を聞く　　b　選択肢を読む　　c　質問を聞く

第2章 問題のパターンに慣れましょう

3 もっと＋復習

もっと 勉強しましょう

よく使われる質問のパターン

- 「だれが／だれに…？」
- 「何を…？」
- 「いつ／何時に…？」
- 「どこで…？」
- 「どの〜を…？」 など

「最初にすること」を聞く質問のパターン

- 「まず何をしますか。」
- 「これからどうしますか。」
- 「このあとまず、何をしなければなりませんか。」 など

「〜する前」や「〜した後」など、行動の順番を表すことばにも注意しましょう。

Pay attention to words that express the order in which an action is performed, such as "〜する前" or "〜した後."
注意「〜する前」和「〜した後」等表示行为顺序的词语。
'~ 하기 전'이나 '~ 한 후' 등 행동의 순서를 나타내는 말에도 주의합시다.

復習しましょう　音声を聞いて、＿＿＿＿＿に聞こえたことばを書きましょう。

 No.34　1番　女の人が、肉屋で買い物をしています。このあと、女の人はいくら払いますか。

女：すみませーん。＿＿＿＿＿＿＿＿＿＿＿のすき焼き用の肉を、200gください。

男：はい、200gですね。お客さん、今日、＿＿＿＿＿＿＿＿＿＿＿＿お買い上げの場合、＿＿＿＿＿＿＿＿＿＿ですよ。

女：あ、そう。じゃあ、300gにしようかしら。

男：はい。300gだと、＿＿＿＿＿＿＿＿＿＿になります。

女：えっと、ちょっと待って。300gはいらないから…、＿＿＿＿＿＿＿＿＿＿にします。それだとちょうど2000円ですよね。

男：はい、10％引きになりますから…

このあと、女の人はいくら払いますか。

🔊 No.35　2番　大学で、男の学生が先生の手伝いをしています。男の学生は、このあとまず何をしますか。

男：先生、このプリント、教室に＿＿＿＿＿＿＿＿＿＿＿＿＿＿＿？

女：ありがとう。あ、でも、それ全部は＿＿＿＿＿＿＿＿＿＿＿から、ちょっと待って。必要なものと、必要じゃないものと分けるから。

男：はい。じゃ、先に教室に行って、窓を＿＿＿＿＿＿＿＿＿＿＿＿。今日は、暑いから。

女：そうね。お願いね。あ、教室に行く前に、となりの田中先生の部屋に、これを＿＿＿＿＿＿＿＿＿＿＿＿くれる？　置いてくるだけでいいから。窓を開けたら、またここへ＿＿＿＿＿＿＿＿＿＿ね。持っていくものがたくさんあって、1人で持てないから。

男：はい、わかりました。

男の学生は、このあとまず何をしますか。

▶スクリプトを見て確認しましょう。別冊 p.4～5

p.37 の答え：
1番　**1**　2番　**3**

第2章 問題のパターンに慣れましょう

4 どうしてですか ―ポイント理解―

Why is this? - Comprehension of key points-
为什么 -重点理解-　이유는 무엇인가요? －포인트이해－

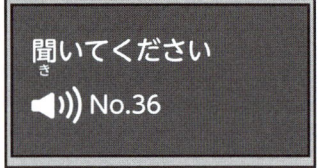

▶答えとスクリプトは右ページ下

❀ 落ち着いて選択肢を読みましょう！

Relax and carefully read through the answers!
应沉着阅读答案选项！　침착하게 선택지를 읽읍시다!

問題の流れ

問題用紙に選択肢が印刷されています。

A selection of answers is provided on each question sheet.
问题卷中印有答案选项。　문제용지에 선택지가 인쇄되어 있습니다.

1	2	3	4	5
説明と質問を聞く	ポーズの間に選択肢を読んでポイントをつかむ	話を聞く	もう一度質問を聞く	答えを選ぶ
Listen to the explanation and question. 听说明和问题。 설명과 질문을 듣는다.	Read the answer choices during the pause to grasp the key point. 停顿的期间阅读选项，抓住重点。 침착하게 선택지를 읽어봅시다!	Listen to the story. 听内容。 이야기를 듣는다.	Listen to the question again. 再听一次问题。 다시 한번 질문을 듣는다.	Choose the answer. 选择答案。 답을 고른다.

★ 問われていることにポイントを絞って聞きましょう。そして、選択肢を読む時間を有効に使いましょう。

Listen to the questions and try to pick out the main points. Make the most of the time allotted to review the answer selections.
应听清并筛选问题中的要点，并有效利用答案选项的阅读时间。
질문의 요점을 정리하면서 들읍시다. 그리고 선택지를 읽는 시간을 유효하게 씁시다.

例をやってみましょう

1. 最初の説明と質問を聞いたあと、選択肢をじっくり読みましょう。

🔊 No.37

```
1  出かけることができなかったから
2  電話をかけなかったから
3  荷物を受け取らなかったから
4  待ち合わせに遅れたから
```

★ 実際の試験では質問のあと20秒ほど音声がありません。その間に選択肢を読みましょう。

40　Chapter 2 : Recognizing the Question Patterns

2. 話を聞いて、選択肢の中から最もよい答えを一つ選んでください。

🔊 No.38　① ② ③ ④

3. スクリプトを読みながら確認しましょう。

> 男の人と女の人が話しています。男の人は、どうして謝っていますか。
>
> 女：どうしたのよー。
>
> 男：ごめん、ごめん、待たせちゃって。ちょうど出かけようとしたとき、電話がかかってくるし、荷物が届くしで…。
>
> 男の人は、どうして謝っていますか。

答えは4番です。

◆ 遅れた理由を話しています。

れんしゅう まず質問を聞いてください。そのあと、選択肢を読んでください。読む時間があります。それから話を聞いて、1～4の中から、最もよいものを一つ選んでください。

▶答えは p.43、スクリプトは別冊 p.5

🔊 No.39　1番　① ② ③ ④

1　京都のガイドブックと雑誌
2　京都のガイドブックと地図
3　英語の辞書と京都のガイドブック
4　週刊誌と京都のガイドブックと地図

週刊誌：
weekly publication
(magazine, journal)
周刊杂志　주간지

🔊 No.40　2番　① ② ③ ④

1　会社がある駅の近くに、引っ越したから
2　電車で来るのと時間が変わらないから
3　健康に気をつけるようになったから
4　会社の帰りに、買い物ができるから

🔊 No.36のスクリプト
Q：何について話していますか。
A：男「映画に行くのは土曜日じゃなくて日曜日にしようよ。」
　　女「そうだね。」
　a　いつ行くか　　b　だれと行くか　　c　どこへ行くか

第2章 問題のパターンに慣れましょう

4 もっと＋復習

もっと 勉強しましょう

注意しましょう

◆ **必要な情報だけを聞き取りましょう。**
Pick out the relevant information.　应听清必要的信息。　필요한 정보만을 골라서 들읍시다.

◆ **言い換えのことばに注意しましょう。**
Listen for rephrased or reworded expressions.　应注意语言的不同表达方式。　다른 말로 표현된 것에 주의합시다.

選択肢と話の中で使っていることばは、同じ意味でも表現が違う場合があります。
Though the words and expressions that appear in the answers may differ from those used in the conversation, they often share the same meaning.
答案选项及会话中使用的词汇，有时即使意思相同表达方式也会有所不同。
선택지와 대화에서 쓰인 말은, 같은 의미라도 표현이 다른 경우가 있습니다.

復習しましょう　音声を聞いて、＿＿＿＿に聞こえたことばを書きましょう。

🔊 **No.39　1番　男の人と女の人が、これから本屋に行きます。女の人は、何を買うつもりですか。**

女：ねえ、これから本屋に行くんだけど、一緒に＿＿＿＿＿＿＿＿？　英語の辞書がほしいって言ってたでしょ？

男：あ、辞書は、＿＿＿＿＿＿＿＿＿＿＿からいいんですが、ほしい雑誌があるから、行きます。田中さんは、何を買うんですか。

女：＿＿＿＿＿＿＿＿＿＿＿。今度の休みに京都へ行く予定で、詳しい地図の載ったものがほしいんだ。ついでに、私も週刊誌買おうかな。あの本屋、大きくないけれど、雑誌コーナーは、充実していていいよね。

男：はい、本当に。＿＿＿＿＿＿＿＿＿＿＿のは普通の本屋にはないけれど、あそこにはあるんですよ。

女の人は、何を買うつもりですか。

🔊 No.40　2番　会社で、男の人と女の人が話しています。女の人が、会社に歩いてくるのはどうしてですか。

男：便利なところに＿＿＿＿＿＿＿＿＿＿＿＿＿＿＿＿んだって？

女：うん、駅前のマンションだから、買い物なんかにも本当に便利よ。

男：駅前かあ、いいねー。ぼくなんか駅まで20分もかかるよー。

女：でもね、電車にもあんまり＿＿＿＿＿＿＿＿＿＿＿＿＿＿＿＿＿。最近は、会社までも歩いてきてるの。

男：へー、＿＿＿＿＿＿＿＿＿＿＿＿＿＿＿＿？

女：ううん、そうじゃなくて、駅が地下深いところにあるから、電車に乗るまで時間がかかっちゃうし。ほら、ここも上に出るまでエスカレーターに何本も乗らないといけないじゃない？　会社まで＿＿＿＿＿＿＿＿＿＿だし、歩くのもそんなに時間が変わらないし。

男：そうかー。確かに東京の地下鉄の駅って、すごく深いところにあるからなー。

女の人が、会社に歩いてくるのはどうしてですか。

▶スクリプトを見て確認しましょう。別冊 p.5

p.41の答え：
1番　**1**　　2番　**2**

第2章

5 どんな内容ですか ―概要理解―

What is it about? - Comprehension of general outline-
什么内容 -概要理解- 어떤 내용인가요? －개요이해－

学習日　　月　　日(　)

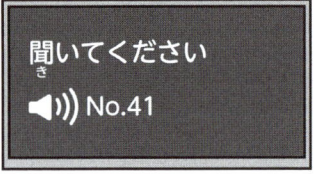

▶答えとスクリプトは右ページ下

✿ 最初の説明から話の内容を予測しましょう！

Listen to the explanation and try to anticipate what the speakers will discuss!
应从开头的说明中预测会话的内容！　　处음 설명을 듣고 내용을 예측합시다!

問題の流れ

問題用紙に何も印刷されていません。

The question sheets for this part of the test are blank.
问题卷上没有印刷任何内容。　　문제용지에는 아무것도 인쇄되어 있지 않습니다.

1	2	3	4
説明を聞く	話を聞く	質問を聞く	聞こえてくる選択肢の中から答えを選ぶ
Listen to the explanation. 听问题。 설명을 듣는다.	Listen to the story. 听内容。 이야기를 듣는다.	Listen to the question. 听问题。 질문을 듣는다.	Of the sentences you hear, choose the best response. 从听到的回答中选出最佳选项。 들려주는 대답 중에서 가장 적절한 것을 고른다.

★ 全体の内容を聞いて判断する問題です。質問は話のあと一回だけなので注意しましょう。

These questions test your ability to listen to an entire dialogue and make a choice based on what you heard. The question will only be read once after the dialogue, so make sure to pay close attention.
是听完整体内容后进行判断的问题。应注意提问在会话结束后只有一次。
전체 내용을 듣고 판단하는 문제입니다. 질문은 한번 밖에 말하지 않으니 주의합시다.

*最初の説明が
わからなかったら
どうしよう…。*

例をやってみましょう

1. 説明、話、質問、選択肢を聞いて、質問の答えとして最もよいものを一つ選んでください。

🔊 No.42　① ② ③ ④

Chapter 2 : Recognizing the Question Patterns

2. スクリプトを読みながら確認しましょう。

男の人が、携帯電話について話しています。

男：あれば、便利だと思うんですが、今、みんな持っていて、どこでも携帯いじってるでしょ。だめだと言っているのに、自転車に乗っているときでもメールなんかしていて、本当に危ないですよね。ああいうマナーの悪い人たちを見たりしていると、買う気になれなくて…。でも、家族から、携帯を持ってくれないと不便でしかたない、と文句を言われるんですよ。娘が「お父さんのように年を取っている人でも、簡単に使える携帯があるよ。」と言うのですが、メールは、パソコンで十分ですし…。

男の人は、携帯電話のことをどう思っていますか。

1　便利だが、買いたくない　　　　2　使い方が難しそうだ
3　携帯電話のメールは、不便だ　　4　年寄りには向いていない

答えは1番です。

◆ 最初の説明文から、男の人が、携帯電話について意見を言うことが想像できます。
（買う気になれない＝買いたくない）

れんしゅう　この問題は、全体としてどんな内容かを聞く問題です。話の前に質問はありません。まず、話を聞いてください。それから質問と選択肢を聞いて、1〜4の中から、最もよいものを一つ選んでください。　▶答えは p.47、スクリプトは別冊 p.5〜6

🔊 No.43　1番　① ② ③ ④

🔊 No.44　2番　① ② ③ ④

コース：
course (dinner course, etc.)
套餐
코스

🔊 No.41のスクリプト
Q：どんな内容の話ですか。
A：「自転車は道路のどこを走ったらいいかよくわからないし、車や人の迷惑になるからもう乗らないんです。前は便利だから乗っていたんだけど…。」
a　この人は自転車に乗らなくなった
b　この人は便利だから自転車に乗っている
c　この人は車のほうが便利だと言っている

第2章 問題のパターンに慣れましょう

5 もっと＋復習

もっと 勉強しましょう

場所や状況を想像しましょう

★ 話している人や質問文の中で使われていることばから場所を想像しましょう。

会社員／部長／書類／会議　など　→　会社

先生／学生／テスト／レポート　など　→　学校、教室など

★ 質問文から、状況を理解しましょう。

1人で話している　→　何かの説明をしている
　　　　　　　　　　何かについて意見を言っている

電話をしている　→　何かの予約や約束をしている

テレビやラジオを聞いている　→　何かの情報を聞いている

復習 しましょう　音声を聞いて、＿＿＿＿に聞こえたことばを書きましょう。

🔊 No.43　1番　男の人が、電話で誰かと話しています。

男：あれ、元気ないね。…疲れてる？　…ああ、＿＿＿＿＿＿＿＿＿で？　…大変だね。でも、会議ならまだいいんじゃない？　こっちは、また出張だよ。そうそう、先月行ったばかりなのに。まったく！　＿＿＿＿＿＿＿＿＿出張っていうのは特にストレスがたまるんだよな。…そう、やっぱり英語には苦労するし、行っている間、ずっと緊張の＿＿＿＿＿＿＿＿＿だから、疲れちゃって。…うん、休みの日に出かける元気もなくなるよ。…そうそう、＿＿＿＿＿＿＿＿＿ちょっと長い休みが必要だよね。

Chapter 2 : Recognizing the Question Patterns

男の人は何について話していますか。

1　出張の場所
2　会議のやり方
3　仕事の_____
4　今度の休み

🔊 No.44　2番　女の人が、レストランに電話をしています。

女：今度の日曜日の6時に予約を_____青木と申しますが、ちょっとお聞きしたいことがありまして。

レストランの人：はい、どのようなことで。

女：今、6人で予約をしているんですが、_____が、大丈夫でしょうか。

レストランの人：あ、大丈夫ですよ。皆様、同じ8000円のコースでよろしいですよね。

女：え？　7000円のコースを予約しているはずですけれど。

レストランの人：あ、7000円のコースでしたね。失礼いたしました。

女：1人、_____遅れるかもしれないということなんですが…。

レストランの人：では、先にお飲み物をお出しして、お食事を始めるのは、皆様がおそろいになってからということにしましょうか。

女：それでお願いできますか。

女の人は、何のためにレストランに電話をしましたか。

1　予約の時間を変更するため
2　予約の_____を変更するため
3　料理の内容を聞くため
4　料理の内容を確認するため

▶スクリプトを見て確認しましょう。別冊 p.5〜6

p.45の答え：
1番　3　　2番　2

第2章：熟習問題形式／제2장：문제 패턴을 익힙시다

第2章 6 まとめの問題

問題のパターンに慣れましょう

制限時間：12分
答えは p.50
スクリプトは別冊 p.6〜8
点数 ／100

問題 Ⅰ
5点×2問

絵を見ながら質問を聞いてください。矢印（➡）の人は何と言いますか。1〜3の中から、最もよいものを一つ選んでください。

 No.45　1番　① ② ③

 No.46　2番　① ② ③

問題 Ⅱ
5点×2問

まず文を聞いてください。それからその返事を聞いて、1〜3の中から、最もよいものを一つ選んでください。

 No.47　1番　① ② ③

 No.48　2番　① ② ③

問題Ⅲ

10点×2問

まず質問を聞いてください。それから話を聞いて、1～4の中から最もよいものを一つ選んでください。

🔊 No.49　1番　① ② ③ ④

1　車
2　車とJR
3　JRと地下鉄
4　車と地下鉄

🔊 No.50　2番　① ② ③ ④

1　買い物する
2　コーヒーを飲む
3　会社に行く
4　タクシーに乗る

問題Ⅳ

15点×2問

まず質問を聞いてください。そのあと、選択肢を読んでください。読む時間があります。それから話を聞いて、1～4の中から最もよいものを一つ選んでください。

🔊 No.51　1番　① ② ③ ④

1　佐藤先生にきらわれたから
2　今度の試験が難しいと聞いたから
3　学校をサボれなくなったから
4　卒業ができないかもしれないから

🔊 No.52　2番　① ② ③ ④

1　田中さんに子どもが2人もいること
2　田中さんの子どもが2人とも小さいこと
3　田中さんが見た感じより若いこと
4　田中さんが見た感じより年を取っていること

問題V

15点×2問

この問題は、全体としてどんな内容かを聞く問題です。話の前に質問はありません。まず話を聞いてください。それから質問と選択肢を聞いて、1〜4の中から、最もよいものを一つ選んでください。

🔊 No.53　1番　① ② ③ ④

🔊 No.54　2番　① ② ③ ④

まとめの問題（p.48〜p.50）の答え：

	1番	2番
問題I	2	3
問題II	1	3
問題III	3	3
問題IV	4	4
問題V	2	1

第3章

いろいろな場所で聞きましょう

Understanding the Language Around You
听惯各种场景
여러 장소에서 들어 봅시다

第3章

1 町で
まち

Around Town　在街上　일상생활의 거리에서

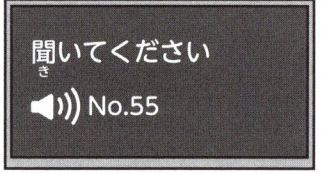

▶答えとスクリプトは右ページ下

学習日　　月　日（　）

❀ 何度も聞くフレーズをきちんと理解しましょう！

Make an effort to understand phrases you often hear in public places!
应正确理解多次听到的句子！　자주 듣는 문장을 정확히 이해합시다!

駅や電車の中で

- 上り方面　inbound (train)　上行方面　상경 방면 ⇔ 下り方面
  ○番線（ばんせん）
  、まもなく電車が参ります。

- 危ないですから、黄色い線の内側に下がってお待ちください。
  It is dangerous, so please stay behind the yellow line while you wait.
  为了避免发生危险，请退到黄线以内等候。　위험하오니 노란선 안쪽으로 물러나서 기다려 주시기 바랍니다.

- ドア／扉が閉まります。閉まるドア／扉にご注意ください。
  The door is closing. Please watch out for the closing door.
  车门即将关闭。请小心车门。　문이 닫힙니다. 닫히는 문에 주의하시기 바랍니다.

- この電車は
  - 普通／各駅停車　local/local train (each station)　普通／各站停车　보통／각 역 정차
  - 急行／快速　express/rapid　急行／快速　급행／쾌속
  - 特急／特快（＝特別快速）
  - 通勤特急　commuter limited express　通勤特急　통근 특급

  ○○行きです。

- 次は△、△、△を出ますと□に止まります。XX線、お乗換えです。
  The next stop is △, △. After △, we will stop at □. Transfer for the XX Line.
  下一站△站，△站驶出后将停靠□站。可换乘XX线。
  다음은 △, △, △(을) 지나 □에 정차합니다. XX선으로 환승하실 수 있습니다.

- まもなく△、お出口左側に変わります。
  We are now approaching △. The exit will now be to the left.
  即将到达△站，下车门变为左侧车门。　잠시 후 △에서는 출구가 왼쪽으로 변경됩니다.

- 傘などお忘れ物のないようご注意ください。
  Please be careful not to forget your umbrella and other belongings.
  请注意不要把伞等东西遗忘在车上。　우산 등 두고 내리는 물건이 없도록 주의해 주시기 바랍니다.

スーパーやデパートで

- **全品半額セール**（＝全部の商品が5割引・50% OFF）
  50% off sale for all items　所有商品半价出售　전 상품 반값 세일

- **カード会員募集**　Accepting applications for card membership　招募持卡会员　카드 회원 모집

- **お買い得**　bargain price　买得合算　특매

- **毎度ご来店くださいまして**（＝いつも来てくれて）**ありがとうございます。**
  Thank you for being a valued customer.　感谢您每次光临。　항상 저희 매장을 방문해 주셔서 감사합니다.

- **お呼び出しを申し上げます。**　May we have your attention please?　广播找人。　사람을 찾습니다.

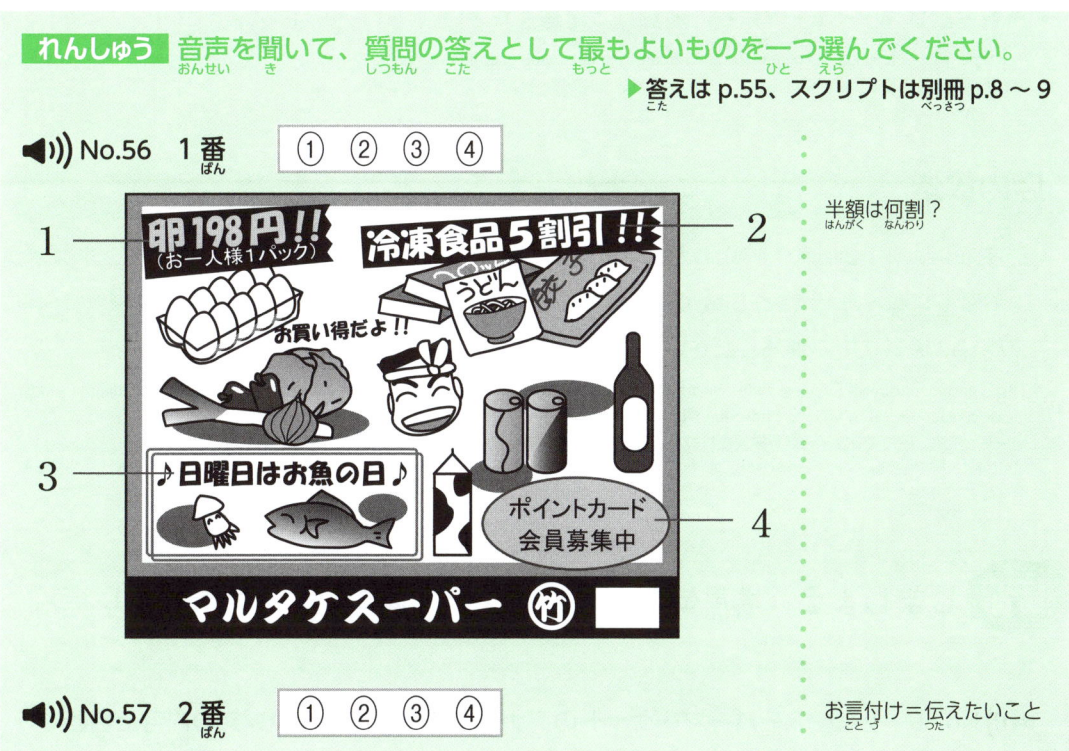

れんしゅう　音声を聞いて、質問の答えとして最もよいものを一つ選んでください。
▶答えは p.55、スクリプトは別冊 p.8～9

No.56　1番　① ② ③ ④

1 ― 卵198円!!（お一人様1パック）
2 ― 冷凍食品5割引!!
3 ― ♪日曜日はお魚の日♪
4 ― ポイントカード会員募集中
マルタケスーパー

半額は何割？

No.57　2番　① ② ③ ④

お言付け＝伝えたいこと

🔊 No.55のスクリプト

Q：どうすればいいですか。
A：「まもなく電車が参ります。ドアから離れてお待ちください。」
　a　ホームドアの近くによって電車を待つ
　b　ホームドアにはさまれないように気をつける
　c　ホームドアから離れて電車を待つ

第3章 いろいろな場所で聞きましょう

1 もっと＋復習

もっと 勉強しましょう

電車の中で

◆ **お年寄りや体の不自由な方に席をお譲りください。**
Please give priority to elderly and handicapped passengers.
请给老年人或行动不便者让座。　나이가 드신 분이나 몸이 불편한 분에게 자리를 양보해주십시오.

◆ **携帯電話はマナーモードにし、通話はご遠慮ください。**（＝しないようにしてください）
Please put your cell phone on silent mode and refrain from talking on your phone.
请将手机调至静音模式，请不要打电话。　핸드폰은 진동으로 변경하시고 통화는 삼가십시오.

店内放送

◆ **迷子**（lost child　迷路的孩子　미아）**のお知らせを申し上げます。**ただ今、青いシャツに赤い半ズボンを**お召しになった**（＝着た）5歳くらいの男のお子様をお預かりしております。**お連れ様**（＝一緒に来た人）は係員までご連絡ください。
This is an announcement for a lost child. We are currently taking care of a boy of about five years old, wearing a blue shirt and red shorts. Please contact the staff if you were traveling with him today.
走失儿童广播。我们现照管了一名身穿蓝色衬衫，红色短裤的5岁左右的小男孩。请其同伴速与工作人员联系。
미아 찾기 안내 방송입니다. 지금 파란 셔츠와 빨간 반바지를 착용한 5살 정도의 남자아이를 보호하고 있습니다. 보호자께서는 담당 직원에게 연락해 주시기 바랍니다.

復習 しましょう　音声を聞いて、＿＿＿＿に聞こえたことばを書きましょう。

🔊 No.56　1番　スーパーマーケットのアナウンスです。アナウンスの内容と合わないものはどれですか。合わないものです。

アナウンス：毎度ご来店くださいまして、ありがとうございます。本日日曜日はお魚の日！ 新鮮なお魚が＿＿＿＿＿＿＿＿＿＿＿＿＿＿となっております。また、冷凍食品が、全品＿＿＿＿＿＿＿＿＿＿です。この機会にお求めください。1パック198円の卵は＿＿＿＿＿＿＿＿＿＿＿＿＿1パックでお願いいたします。ただいま、当店では、お得な情報をメールでお知らせする＿＿＿＿＿＿＿＿＿＿＿＿＿を募集しております。ぜひご入会ください！

アナウンスの内容と合わないものはどれですか。

🔊 No.57　2番　店内放送をしています。呼ばれた人は、何をしなければなりませんか。

女：毎度ご来店くださいまして、ありがとうございます。お客様に、お知らせいたします。さきほど、靴売り場でお買い物をされたお客様、＿＿＿＿＿＿＿＿＿＿＿＿＿＿がございますので、売り場まで、＿＿＿＿＿＿＿＿＿＿＿ください。

呼ばれた人は、何をしなければなりませんか。

1　靴売り場へ＿＿＿＿＿＿＿＿
2　車の移動をする
3　忘れ物を取りに行く
4　連れの人に連絡する

▶スクリプトを見て確認しましょう。別冊 p.8〜9

p.53 の答え：
1番　**4**　　2番　**1**

第3章 いろいろな場所で聞きましょう

2 天気予報・交通情報
Weather Forecast - Traffic Report　天气预报・交通信息　날씨예보・교통정보

学習日　月　日（ ）

聞いてください
🔊 No.58

▶答えとスクリプトは右ページ下

❀ 用語に慣れて必要な情報を聞き取れるようにしましょう！
Familiarize yourself with commonly used terms and pick out the important information!
应习惯专用词汇，听清必要信息！　용어를 익혀서 필요한 정보를 알아들을 수 있도록 합시다!

天気予報

- | 全国　Whole country　全国　전국
各地　Various regions　各地　각지
～地方　～ region　～地区　～지방 | の | 天気
天気予報 | です。

- | 晴れ
曇り | のち　later, followed by　之后　후에
一時　brief, temporarily, for a short while　暂时　일시적으로 | 曇り
雨 | でしょう。

- 台風が近づいています。
  A typhoon is approaching.　台风正在靠近。　태풍이 근접하고 있습니다.

- 雷にご注意ください。
  Watch out for lightning.　请小心雷电。　천둥에 주의해 주십시오.

- 花粉が多く飛ぶでしょう。
  There will be a lot of pollen in the air.
  花粉会大量飞散吧。　꽃가루가 많이 날릴 것으로 예상됩니다.

…一時雨です
いちじあめ

今日は
1時に雨が降るんだね

ちがうでしょ！

Chapter 3 : Understanding the Language Around You

地震情報
じしんじょうほう

- ただ今〇〇で地震がありました。川沿い、沿岸部では津波にご注意ください。
  There has been an earthquake in 〇〇. People are advised to remain alert for a potential tsunami along the riverbanks and ocean coast.
  刚才在〇〇发生了地震。河边及沿岸地区请注意海啸。
  지금 막 〇〇에서 지진이 있었습니다. 강가나 해안 부근에서는 쓰나미에 주의하시기 바랍니다.

- この地震による津波の心配はありません。
  There is no risk of a tsunami accompanying this earthquake.
  本次地震不会引起海啸。 이 지진으로 인한 쓰나미는 발생할 염려는 없습니다.

- 震度　seismic intensity　震度　진도
- 震源　quake epicenter　震源　진원지

れんしゅう
音声を聞いて、質問の答えとして最もよいものを一つ選んでください。
▶答えは p.59、スクリプトは別冊 p.9

🔊 No.59　1番　① ② ③ ④

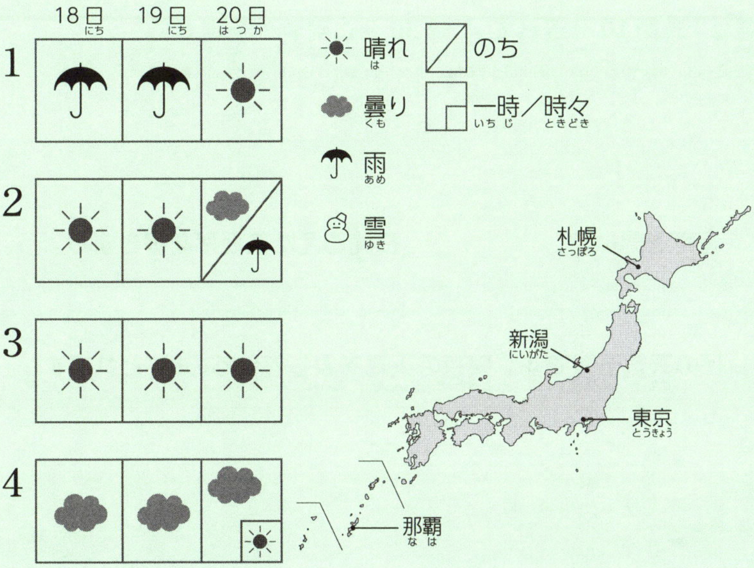

あいにく：
unfortunately
不巧
공교롭게도

マグニチュード：
magnitude
里氏震级
매그니튜드

🔊 No.60　2番　① ② ③ ④

🔊 No.58のスクリプト
Q：何と言っていますか。
A：「今日は曇り一時雨でしょう。」
　a　今日は1時に雨が降る
　b　今日は雨が降るときがある
　c　今日は一日中雨が降る

第3章 - 2 いろいろな場所で聞きましょう

もっと＋復習

もっと勉強しましょう

交通情報

- ＪＲ線　JR line　JR 线　JR 선 (전철)
- 私鉄　private line　私营铁路　민영 철도
- 地下鉄　subway　地铁　지하철

各線は順調に動いています。

- ～で事故のため渋滞しています。
  渋滞：traffic jam　拥堵　교통 체증

- ＡＢＣ航空 24 便パリ発は 1 時間 10 分遅れて 11 時 50 分に到着の予定です。
  ABC Airlines Flight 24 from Paris is 1 hour and 10 minutes behind schedule. It is now expected to arrive at 11:50 AM.
  从巴黎出发的ABC航空公司24号航班晚点1小时10分钟，预计将于11点50分抵达。
  ABC 항공 24편 파리를 출발한 비행기는 1시간 10분 늦어져 11시 50분에 도착할 예정입니다.

復習しましょう

音声を聞いて、＿＿＿＿＿に聞こえたことばを書きましょう。

🔊 No.59　1番　テレビの天気予報です。東京の天気を表しているのは、どれですか。

アナウンサー：明日から＿＿＿＿＿＿＿＿＿＿＿＿＿＿＿＿＿という方も多いと思います。

では、気になるお天気です。北海道は、日本海側を中心に

＿＿＿＿＿＿＿＿＿＿＿＿＿＿＿雨ですが、20日月曜日には、晴れるで

しょう。東北の太平洋側から関東地方は、＿＿＿＿＿＿＿＿＿＿＿＿＿＿

は晴れますが、3日目は＿＿＿＿＿＿＿＿＿＿＿＿＿＿。九州から沖縄

にかけては、3日間とも晴れて暑くなるでしょう。

東京の天気を表しているのは、どれですか。

🔊 No.60　2番　テレビの地震情報です。東京について、正しいものはどれですか。

アナウンサー：ただ今、関東地方で地震がありました。＿＿＿＿＿＿＿＿＿＿＿＿＿は

茨城で、震度4、マグニチュード4.5、千葉、埼玉、東京は震度3です。

この地震による＿＿＿＿＿＿＿＿＿＿の心配はありません。

東京について、正しいものはどれですか。

1　＿＿＿＿＿＿＿＿＿＿＿＿＿＿＿＿である
2　震度は4である
3　震度は4.5である
4　津波の心配がある

▶スクリプトを見て確認しましょう。別冊 p.9

---

p.57の答え：
1番 **2**　　2番 **1**

第3章 3 学校で

いろいろな場所で聞きましょう

At School　在学校　학교에서

学習日　月　日(　)

聞いてください
🔊 No.61

▶答えとスクリプトは右ページ下

✿ 指示や禁止を表す表現に注意しましょう！

Pay attention to expressions that convey instructions or describe prohibited actions!
应注意表达指示或禁止的语言！　지시나 금지를 나타내는 표현에 주의합시다!

図書館の受付で

◆ この本は<u>貸し出し中</u>です。
　This book is currently on loan.　这本书已被借出。　이 책은 대출 중입니다.

◆ 新聞は<u>館内で閲覧してください</u>。
　Newspapers must be read in the library.　请在馆内阅览报纸。　신문은 관내에서 열람해 주십시오.

◆ 辞書は<u>持ち出し禁止</u>です。
　Dictionaries may not be taken out of the library.　禁止将词典带出馆外。　사전은 반출 금지입니다.

◆ 本は汚したり、<u>書き込み</u>をしたりしてはいけません。
　Books may not be soiled or written in.　不准把书弄脏或在书上乱写。　책을 더럽히거나 필기를 해서는 안 됩니다.

◆ DVDなどは、<u>視聴覚室</u>でも見ることができます。
　DVDs and other materials may be viewed in the audio-visual room as well.
　DVD等也可以在视听室观看。　DVD 등은 시청각실에서도 시청할 수 있습니다.

◆ 2週間以内に<u>返却してください</u>。
　Please return them within two weeks.　请在2周以内归还。　2주 이내에 반납해 주시기 바랍니다.

◆ インターネットで本を<u>検索</u>したり、予約したりすることができます。
　You can search for and reserve books online.　可以在网上查找和预约图书。　인터넷에서 책을 검색하거나 예약할 수 있습니다

60　Chapter 3 : Understanding the Language Around You

日本語学校の受付で

- **入学手続きをする** to complete registration/enrollment (procedures)　办理入学手续　입학 수속을 하다
- **入学金** school enrollment fee, admission fee　入学金　입학금
- **授業料** course fee　学费　수업료
- **教材費** textbook fee　教材费　교재비
- **全額** total cost　全额　전액
- **割引** discount　打折　할인

れんしゅう 音声を聞いて、質問の答えとして最もよいものを一つ選んでください。

▶答えは p.63、スクリプトは別冊 p.9〜10

🔊 No.62　1番　① ② ③ ④

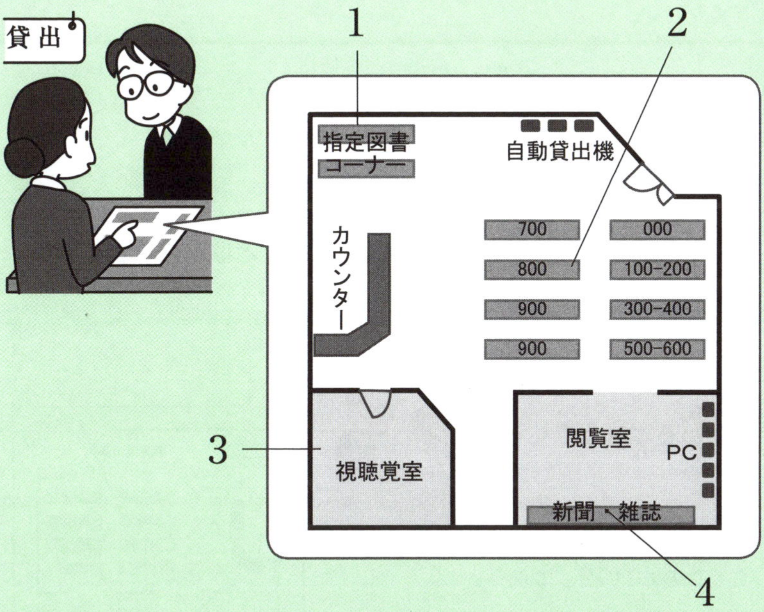

指定図書＝授業などで使うように決められた本。

[図：日本語学校の受付／図書室の見取り図　1＝指定図書コーナー、2＝自動貸出機（700, 800, 900, 900 / 000, 100-200, 300-400, 500-600）、3＝視聴覚室、4＝新聞・雑誌、閲覧室、PC、カウンター、貸出]

🔊 No.63　2番　① ② ③ ④

🔊 No.61のスクリプト
Q：どういう意味ですか。
A：「覚えること。」
　a　覚えることがある　　b　覚えなさい　　c　覚えたことがある

b

第3章 いろいろな場所で聞きましょう

3 もっと＋復習

もっと 勉強しましょう

教室で

〜すること（＝しなさい、しなければならない）

〜ようにしてください（＝できるだけ〜してください）

- 必ず予習をしてくること。
- 新しい単語を覚えてくること。　単語：word　单词　단어
- 授業に遅れないようにしてください。
- 予習⇔復習　　　　　　・出席⇔欠席
- 宿題を提出する　to turn in homework, to submit an assignment　交作业　숙제를 제출하다

復習しましょう　音声を聞いて、＿＿＿＿＿に聞こえたことばを書きましょう。

🔊 No.62　1番　図書館のカウンターで話しています。学生の探している本はどこにありますか。

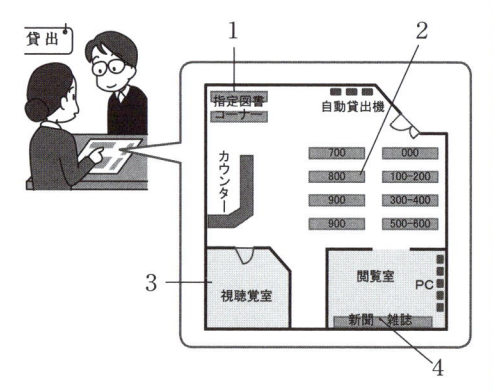

学生　　　　：すみません、この本はどこにありますか。インターネットで調べて、あることはわかったんですが…。この番号のところ探しても＿＿＿＿＿＿＿＿＿＿…。810の…。

図書館の人：えーっと…ああ、これは＿＿＿＿＿＿＿＿＿＿＿ですね。

学生　　　　：え？

図書館の人：＿＿＿＿＿＿＿＿＿＿＿で使う本ですね。

62　Chapter 3 : Understanding the Language Around You

学生　　　：はいはい、そうです。

図書館の人：そういう本は＿＿＿＿＿＿＿＿＿＿＿＿＿＿にあるんです。今、ここに

　　　　　　いますね。…で、ここです。

学生　　　：あ、わかりました。ありがとうございました。

学生の探している本は、どこにありますか。

🔊 No.63　2番　留学生が、日本語学校の受付で話しています。この学生は、入学金と授業料をどのように払う予定ですか。

受付：お疲れ様でした。体験したクラスはどうでしたか。

学生：あ、はい、＿＿＿＿＿＿＿＿＿＿＿＿＿＿。このクラスに入りたいです。

受付：では、入学手続きについて説明しましょう。

　　　これが料金表です。この入学金と授業料を＿＿＿＿＿＿＿＿＿＿＿＿＿＿くだ

　　　さい。教材費は授業料に含まれています。

学生：あのう、電子マネー使えますか。

受付：いえ、振り込みになります。こちらの口座にお願いします。

学生：えっと、＿＿＿＿＿＿＿＿＿＿＿＿でもいいですか。

受付：いえ、＿＿＿＿＿＿＿＿＿＿＿＿でお願いします。

学生：わかりました。

この学生は、入学金と授業料をどのように払う予定ですか。

　　1　入学金は一括、授業料は分割で支払う
　　2　電子マネーで支払う
　　3　教材費と一緒に口座に振り込む
　　4　＿＿＿＿＿＿＿＿＿＿＿＿＿＿＿で支払う

▶スクリプトを見て確認しましょう。別冊 p.9 ～ 10

p.61の答え：
1番　1　　2番　4

第3章 いろいろな場所で聞きましょう

4　職場で
At Work　在工作单位　직장에서

学習日　　月　　日(　)

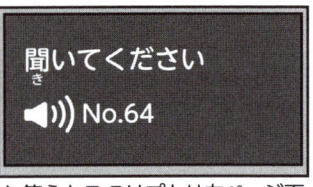

▶答えとスクリプトは右ページ下

🌸 敬語に注意して聞き取りましょう！
Do your best to catch commonly used keigo expressions!
应注意听清敬语！　존경어를 주의해서 들어봅시다!

会社で

❶ ～（し）ていただく　＊聞いている人がする

◆ この書類を読んでいただきたいんですが。
　Could you please read this document?　我想请你读一下这份文件。　이 서류를 읽어 주셨으면 하는데요.

◆ こちらでお待ちいただけませんか。
　Could you please wait here?　能请你在这边等一下吗？　여기서 기다려 주시겠습니까?

❷ ～（さ）せていただく　＊話している人がする

◆ ご説明させていただきます。
　I'll explain.　请允许我说明一下。　설명해 드리겠습니다.

◆ 熱があるので、今日は休ませていただきたいんですが…。
　I have a fever and would like to take the day off.　我发烧了，所以今天我想请假……。　열이 나서 오늘은 쉬고 싶은데요….

❸ ～させます　＊同じ会社の人がする

◆ 田中という者にそちらに伺わせますので、よろしくお願いいたします。
　I'll send someone named Tanaka to see you.
　我会让一个叫田中的人去您那里，请多多关照。　다나카라는 사람을 그곳으로 보낼 예정이오니 잘 부탁드립니다.

◆ すぐに直させますので、申し訳ありませんが、もうしばらくお待ちください。
　I'm sorry, I'll have someone fix it right away—please wait a bit longer.
　我马上让人改一下，很抱歉，请再稍等一会儿。　바로 고치도록 하겠습니다. 죄송하지만, 조금만 더 기다려 주시기 바랍니다.

❹ ～とのこと　＊メッセージを伝える

◆ ○○社の～様からお電話がありまして、15分ほど遅れる、とのことです。
　Mr.(Ms.) ～ of Company ○○ called and said he'll be about 15 minutes late.
　○公司的～先生（小姐）来电话了，说要迟到15分钟左右。　○○사의 ～ 님께서 전화를 주셨는데, 15분 정도 늦어지신다고 합니다.

64　Chapter 3 : Understanding the Language Around You

留守番電話によく使われる表現

◆ **あいにく出かけております。**
The person you are calling is currently out.　很不凑巧他出去了。　공교롭게도 외출 중입니다.

◆ **ただ今、電話に出られません。御用の方は、発信音のあとにお名前とご用件をお願いします。**
No one can answer the phone now. If you are in need, please leave your name and message after the tone.
现在没有人可以接电话。如果您有需要，请在拨号音后留下您的姓名和事宜。
지금 전화를 받을 수 없습니다. 사용하시는 분은, 발신음의 뒤에 이름과 용건을 부탁합니다.

◆ **お呼びしましたが、電波が届かない所にあるか、電源が入っていないため、かかりません。**
We tried to call the number you dialed, but it does not ring because it's out of our service area or switched off.
我们尝试拨打您拨打的号码，但没有响铃，因为它不在服务区已关机。
걸린 번호를 호출했지만 전파가 닿지 않는 곳에 있거나 전원이 꺼져 있기 때문에 울리지 않습니다.

れんしゅう　音声を聞いて、質問の答えとして最もよいものを一つ選んでください。

▶答えは p.67、スクリプトは別冊 p.10～11

🔊 **No.65**　**1番**　① ② ③ ④

1　日本通信の小川さんにすぐに電話してください。
2　日本通信の小川さんが見積書をメールに添付してほしいそうです。
3　日本通信の小川さんが見積書をメールに添付したとのことです。
4　日本通信の小川さんがまた電話をくれるそうです。

🔊 **No.66**　**2番**　① ② ③ ④

🔊 **No.64のスクリプト**

Q：具合が悪くて早く帰りたいとき、どう言えばいいですか。
a　早く帰っていただきたいんですが…。
b　早く帰ってもらってもいいですか。
c　早く帰らせていただきたいんですが…。

第3章 いろいろな場所で聞きましょう

4 もっと＋復習

もっと 勉強しましょう

電話で

- はい、〇〇でございます。(=〇〇です)

- お世話になっております。　＊仕事でよく使うあいさつ

- ××はただ今、席を外しておりますが…。(=今、席にいません)
  XX is currently not available.　XX现在不在工位上……。　XX(은)는 잠시 자리를 비운 상태입니다만…

- ××は 外出中／会議中／出張中 ですが…。

- ××は本日、お休みをいただいておりますが…。(=今日は休みです)
  XX has taken a day off today.　XX今天休息……。　XX(은)는 오늘 쉬는 날이라 자리에 없습니다만…

復習 しましょう　音声を聞いて、＿＿＿に聞こえたことばを書きましょう。

🔊 No.65　1番　電話で話しています。女の人は、大山さんに何と伝えますか。

男：日本通信の小川と申しますが、大山様は＿＿＿＿＿＿＿＿＿でしょうか。

女：お世話になっております。あいにく大山は、ただいま接客中で…。

　　＿＿＿＿＿＿＿＿＿、こちらからお電話させましょうか。

男：あ、いえ。お見積書をメールに添付＿＿＿＿＿＿＿＿＿とだけ

　　お伝えください。

女の人は、大山さんに何と伝えますか。

🔊 No.66　2番　留守番電話のメッセージを聞いてください。メッセージを聞いた人は、どうすればいいですか。

男：あ、もしもし、鈴木様の携帯でしょうか。私、ABCリースの森田と申します。昨日メールでご依頼のありました、＿＿＿＿＿＿＿＿＿＿＿＿＿＿＿の交換の件でお電話いたしましたが、またのちほど、お電話＿＿＿＿＿＿＿＿＿＿＿＿＿＿＿＿＿。失礼いたします。

メッセージを聞いた人は、どうすればいいですか。

1　相手からのメールを待つ
2　相手に電話をかけなければならない
3　相手にメールをしなければならない
4　相手から＿＿＿＿＿＿＿＿＿＿＿＿＿＿＿のを待つ

▶スクリプトを見て確認しましょう。別冊 p.10～11

セキが出るので
早く帰っていただきたいん
ですが…。

ちがうよ！
「帰らせていただきたいんですが…」だよ!!

p.65の答え：
1番　**3**　　2番　**4**

第3章 いろいろな場所で聞きましょう

5 病院・いろいろな店で

At the Hospital and Various Shops　在医院及各种店家　병원・여러 상점에서

学習日　月　日（　）

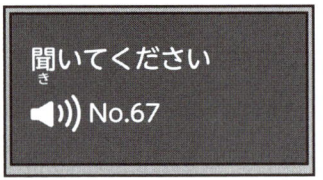

聞いてください
🔊 No.67

▶答えとスクリプトは右ページ下

🍀 決まった表現を覚えましょう！

Make it a point to memorize fixed expressions!
应记住固定说法！　정형적인 표현을 외웁시다!

病院で

- 紹介状　letter of referral　介绍信　소개장
  診察券　patient ID card　挂号证　진찰권
  保険証　insurance card　保险证　보험증
  　　　　　　　　　　　　　　　　　がありますか。

- この問診票にご記入ください。
  Please fill out this medical questionnaire.　请填写这份问诊表。　이 문진표를 작성해 주세요.

- 熱　temperature　体温　체온
  血圧　blood pressure　血压　혈압
  　　　　　　　　　　　　　　　を測ってください。

- 薬や食べ物にアレルギー (allergy　过敏　알레르기)がありますか。
  Do you have any medication or food allergies?　你对药物或食物过敏吗？　약이나 음식 알레르기가 있나요?

- これにおしっこを採ってください。
  Please use this to collect a urine sample.　请用这个采尿。　이것으로 소변을 받으십시오.

- 血液検査　blood test　验血　혈액 검사
  注射　injection　打针　주사
  　　　　　　　　　　　　　　をします。

- レントゲン (=X線)を撮ります。息を吸って…はい、止めてください。
  We will take an X-ray. Breathe in... Okay, hold your breath.
  我们要拍个X光片。吸气……好，憋住。
  엑스레이를 찍겠습니다. 숨을 들이쉬세요... 네, 숨 참아주세요.

ファストフード店で

◆ **こちらでお召し上がりですか、お持ち帰りですか。**
Will you be eating here or getting takeout?　您是在这里吃还是打包带走？　여기서 드시고 가시나요? 포장하시나요?

◆ **お先にお会計失礼します。**
We ask our customers to pay in advance.　不好意思请您先结账。　먼저 결제 도와드리겠습니다.

◆ **申し訳ありません。～は少々お時間がかかります。できましたら、お席のほうにお持ちいたします。**
I'm sorry. ~ is going to take a bit more time. We'll bring it to your table when it's ready.
非常抱歉。~要花一点时间。做好了的话，我帮您拿到座位上。
죄송합니다. ~(은)는 시간이 조금 걸립니다. 완성되면 좌석까지 가져다드리겠습니다.

れんしゅう　音声を聞いて、質問の答えとして最もよいものを一つ選んでください。

▶答えは p.71、スクリプトは別冊 p.11

🔊 **No.68　1番**　① ② ③ ④

1　チキンバーガーとホットコーヒー
2　チーズバーガーとアイスコーヒー
3　チーズバーガーセットとフライドポテト
4　チーズバーガーとホットコーヒー

「いいえ、いいです。」＝
要りません

🔊 **No.69　2番**　① ② ③ ④

🔊 **No.67のスクリプト**
Q：店の人に「こちらでお召し上がりですか、お持ち帰りですか。」と聞かれたとき、何と言えばいいですか。
a　お持ち帰りです。　　b　持って帰ります。　　c　お持ち帰りません。

第3章：听惯各种场景／제3장：여러 장소에서 들어 봅시다

第3章 — 5

いろいろな場所で聞きましょう

もっと＋復習

もっと 勉強しましょう

ホテルやレストランで

〈予約〉

- ご用意できます／空きがございます (＝利用できます：There's room 　我们能够为您准备　이용 가능합니다)。
- あいにく (Unfortunately　很遗憾　공교롭게도)、その日は満席（満室）になっております。
- 田中が承りました。
  My name is Tanaka and I'm here to take your order.　我知道了，我姓田中。　저, 다나카가 주문받았습니다.

〈レストランで〉

- いらっしゃいませ。何名様でしょうか。
- ご注文が決まりましたら、お呼びくださいませ。
- お皿をお下げしてもよろしいでしょうか。
  Excuse me, shall I take this plate?　我可以把盘子撤掉吗？　접시를 치워드려도 될까요?

〈会計で〉

- 5000 円、お預かりいたします。　　5,000 yen, thank you.　收您 5000 日元。　5,000 엔 받았습니다.
- 700 円のお返し (Change　找零　잔돈) です。お確かめください。

〈その他〉

- かしこまりました／承知しました (＝わかりました)。
- 恐れ入りますが……
  お客様に何か頼まなくてはいけない場合や、提案するときなどに前置きのことばとして使う。
  Used as a preamble when asking a customer for something, or when proposing something to them.
  必须要拜托客户做什么的时候或提议等时，作为开场白使用。　　고객에게 부탁해야 하는 경우나 제안을 해야 하는 경우 등에 서두로 사용한다.

復習しましょう　音声を聞いて、＿＿＿に聞こえたことばを書きましょう。

🔊 No.68　1番　男の人が店の人と話しています。男の人は、何を注文しましたか。

女：いらっしゃいませ、こんにちは。こちらで＿＿＿＿＿＿＿＿＿＿＿＿ですか、

　　＿＿＿＿＿＿＿＿＿＿＿＿ですか。

男：あ、ここで。

女：こちら、メニューでございます。ただ今、新商品のチキンバーガーセットが

＿＿＿＿＿＿＿＿＿＿＿＿になっております。

男：あ、チーズバーガーとコーヒーください。

女：チーズバーガーがお1つ、コーヒーがお1つ。コーヒーはアイスとホットがございますが。

男：ホット、スモールでお願いします。

女：はい、＿＿＿＿＿＿＿＿＿＿＿＿＿＿＿。ご一緒に、フライドポテトはいかがでしょうか。

男：いえ、いいです。

女：では、＿＿＿＿＿＿＿＿＿＿＿＿お会計失礼します。680円でございます。…ありがとうございました。ごゆっくりお召し上がりください。

男の人は、何を注文しましたか。

🔊 No.69　2番　男の人が看護師と話しています。看護師の説明と合うものはどれですか。

女：じゃ、明日は＿＿＿＿＿＿＿＿＿＿＿＿＿＿＿ですからね、朝10時に来てください。
今夜9時からは、食べたり飲んだり＿＿＿＿＿＿＿＿＿＿＿＿＿＿＿。

男：え、今夜からもう、食べられないんですか。

女：つらいわねえ。今日はもう早く寝ちゃったら？

男：＿＿＿＿＿＿＿＿＿＿＿＿＿＿＿いいですか。

女：お茶も水も＿＿＿＿＿＿＿＿＿＿＿＿＿＿＿＿＿よ。

看護師の説明と合うものはどれですか。

　1　今夜9時からは食べたり飲んだりしなくてはいけない
　2　今夜9時からは食べたり飲んだり＿＿＿＿＿＿＿＿＿＿＿＿＿＿＿
　3　今夜は早く寝なくてはならない
　4　今晩10時から、お水しか飲んではいけない

▶スクリプトを見て確認しましょう。別冊 p.11

p.69の答え：
1番　**4**　　2番　**2**

第3章 いろいろな場所で聞きましょう

6 まとめの問題

制限時間：10分
答えは p.74
スクリプトは別冊 p.11〜13

点数 ／100

問題 I

15点×2問

まず質問を聞いてください。それから話を聞いて、1〜4の中から最もよいものを一つ選んでください。

🔊 No.70　1番　

🔊 No.71　2番　① ② ③ ④

1　雨と雷
2　台風
3　波と風
4　津波

問題Ⅱ

15点×2問

まず質問を聞いてください。そのあと、選択肢を読んでください。読む時間があります。それから話を聞いて、1～4の中から、最もよいものを一つ選んでください。

🔊 No.72　1番　① ② ③ ④

1　案内図を診察室に持っていく
2　血液検査をしてから、会計に行く
3　レントゲンを撮ったら、そこで説明を聞く
4　血液検査をしてレントゲンを撮ったら、診察室にもどる

🔊 No.73　2番　① ② ③ ④

1　1週間以内に本を取りに行く
2　来週の水曜日に図書館に行く
3　7日以内に借りていた本を返す
4　来週の火曜日までに本の予約をする

問題III

20点×2問

この問題は、全体としてどんな内容かを聞く問題です。話の前に質問はありません。まず話を聞いてください。それから質問と選択肢を聞いて、1～4の中から、最もよいものを一つ選んでください。

🔊 No.74　1番　① ② ③ ④

🔊 No.75　2番　① ② ③ ④

まとめの問題（p.72～p.74）の答え：
問題I　1番　4　2番　1
問題II　1番　4　2番　1
問題III　1番　1　2番　2

第4章

いろいろな内容を聞きましょう

Identifying the Topic of Discussion
听懂各种内容
여러 가지 내용을 들어 봅시다

第4章 いろいろな内容を聞きましょう

1 人や物のようす
Describing People and Objects　人或物的状态　사람이나 사물의 모양

学習日　月　日（　）

聞いてください
🔊 No.76

▶答えとスクリプトは右ページ下

🍀 音声を聞く前に、イラストの中の違いを見つけておきましょう！
Spot the differences in the picture before the conversation starts!
在听声音之前，应找出各插图的不同之处！　음성을 듣기 전에 일러스트 간의 다른 점을 파악해 둡시다!

人の外見についてのことばや表現　　外見：appearance　外观　외견

- **ひげが生える**　grow a beard　长出胡子　수염이 나다
- **髪を染める**　dye hair　染发　머리를 염색하다
- **白髪になる**　become white-haired　变成白发　백발이 되다
- **背が高い**　is tall　高个子　키가 크다　⇔　**背が低い**
- **背が伸びる**　to grow (taller)　个子长高　키가 커지다
- **太っている**　overweight, to be overweight　胖　뚱뚱하다　⇔　**やせている**
- **体重が増える**　to gain weight　体重增加　체중이 늘다　⇔　**減る**
- **ダイエットをする**　go on a diet　减肥　다이어트를 하다
- **スマート**　slim, stylish　苗条　날씬하다　❗ 英語の smart と意味が違う。
- **かっこいい**　good looking, cool　帅　멋있다　⇔　**かっこ悪い**
- **（洋服などが）似合う**　to suit, to look good on/in (clothes, hairstyle, etc.)　合适　어울린다
- **若く見える**　to look young　显年轻　젊어 보인다　⇔　**老けて見える**
- **年を取る**　to age, to grow older　上年纪　나이가 들다

76　Chapter 4 : Identifying the Topic of Discussion

服や身につけるものについてのことばや表現

身につける：to put on (clothes) 穿上 몸치장을 하다

- **長そで** long sleeves, long-sleeved　长袖　긴소매
- **半そで** short sleeves, short-sleeved　短袖　짧은 소매
- **そでなし**（＝ノースリーブ） sleeveless　无袖　소매가 없는 옷 (민소매)
- **柄** pattern, design　花纹　무늬
- **無地** plain, solid color　素色　무지
- **派手な服** flashy clothes, flashy outfit　花哨的衣服　화려한 옷　↔　**地味な服**
- **おしゃれな服** stylish clothing　时尚的衣服　세련된 옷

れんしゅう 音声を聞いて、質問の答えとして最もよいものを一つ選んでください。

▶答えは p.79、スクリプトは別冊 p.13

🔊 No.77　1番　① ② ③ ④

メガネ、白髪、洋服に注意。

花柄：
flower pattern, design
花纹
꽃 모양

イメージが違う：
to look/appear different than imagined (or before)
印象不同
이미지가 다르다

🔊 No.78　2番　① ② ③ ④

🔊 No.76のスクリプト
Q：どういう意味ですか。
A：「あの人、老けたね。」
a　あの人は太った　　b　あの人は若く見える　　c　あの人は年をとった

第4章 いろいろな内容を聞きましょう

1 もっと＋復習

もっと 勉強しましょう

形・サイズなどについてのことばや表現

- 丸（まる） circle, ring 圆 둥근 것
- 三角（さんかく） triangle 三角 삼각
- 四角（しかく） square 四方 사각

- 丸い（まるい） round, circular 圆 둥근
- 細長い（ほそながい） slender, long and thin 细长 가늘고 긴

- 厚い本（あついほん） thick 厚 두꺼운 ↔ 薄い本（うすいほん） thin (material) 薄 얇은

- 大－中－小（だい・ちゅう・しょう） SS（XS）－S－M－L－LL（XL）
  エスエス　エックスエス　エス　エム　エル　エルエル　エックスエル
  ⚠ 読み方注意（よみかたちゅうい）

- 7号－9号－11号（ごう）など　＊特に女性の服のサイズ（S－M－L など）を言うときに使う。

- フリーサイズ one-size-fits-all 通用尺码 프리사이즈

- 新品（しんぴん） new (product, item) 新货 신품
- 中古（ちゅうこ） used (product, item) 二手货 중고

復習 しましょう　音声（おんせい）を聞いて、＿＿＿＿に聞こえたことばを書きましょう。

🔊 No.77　1番　男の人と女の人が写真を見ながら話しています。女の人のお母さんはどの人ですか。

男：この人、君のお母さんだよね。なんだかイメージが違うね。＿＿＿＿＿＿＿＿＿？

女：ダイエットもしたみたいだけど、最近メガネを変えたのよ。メガネが小さいと＿＿＿＿＿＿＿見えるんじゃないかって言って…。白髪も＿＿＿＿＿＿＿、花柄の派手な服ばかり選んで、お母さん、年を取ってきたことを、かなり気にしているのよねえ。

Chapter 4 : Identifying the Topic of Discussion

男：＿＿＿＿＿＿＿＿＿＿＿＿＿＿＿＿し、いいんじゃない？

女の人のお母さんはどの人ですか。

🔊 No.78　2番　女の人が男の人の家に行きました。男の人の家にあるソファーはどれですか。

女：ソファー、新しいの買ったの？　かっこいい。高かったでしょう。

男：いや、＿＿＿＿＿＿＿＿＿＿＿＿＿だからそれほどでもなかったよ。

女：えー、＿＿＿＿＿＿＿＿＿＿＿＿じゃないのー？　りっぱだし、落ち着いたいい色じゃない。黒に見えるけど、濃いブルーの＿＿＿＿＿＿＿＿よね。

男：うん、ブルーだよ。でも、ぼくは本当は＿＿＿＿＿＿＿＿で白っぽいのがほしかったんだけどね。

男の人の家にあるソファーはどれですか。

1　黒っぽい無地のソファー
2　白っぽい無地のソファー
3　＿＿＿＿＿＿＿ブルーの柄のソファー
4　薄いブルーの柄のソファー

▶スクリプトを見て確認しましょう。別冊 p.13

p.77 の答え：
1番　**3**　　2番　**3**

第4章 いろいろな内容を聞きましょう

2 場所・方向・位置

Place - Direction - Location　場所・方向・位置　장소·방향·위치

学習日　月　日(　)

聞いてください
🔊 No.79

▶答えとスクリプトは右ページ下

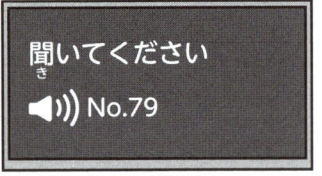   

❀ **どこから数えるか、どの方向から見るかに注意しましょう！**

Listen carefully to which position objects are being counted from and the direction from which the speaker is looking!
应注意从哪里开始数, 从哪个方向看!　어디서부터 세는지, 어느 방면에서 보는지 주의를 기울입시다!

場所、方向、位置

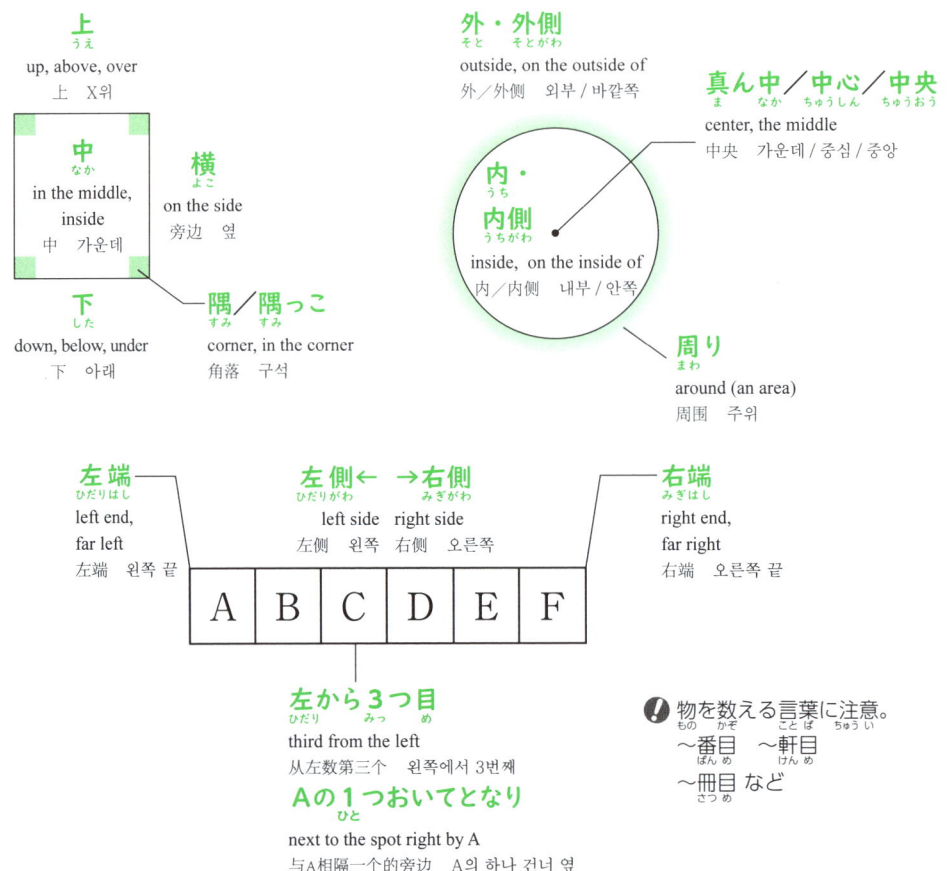

80　Chapter 4 : Identifying the Topic of Discussion

ぼくの好きな子の家は
角から3軒目〜♪

The girl I like's house is three houses from the corner~♪
我喜欢的人的家是从拐角处数的第三家~♪
내가 좋아하는 아이의 집은 모퉁이에서 세 번째~♪

角の家を入れて
数えるんだよ。

Include the house on the corner when counting.
是要把拐角的房子算进去数哦。
모퉁이에 있는 집을 포함해서 세는 거야.

れんしゅう 音声を聞いて、質問の答えとして最もよいものを一つ選んでください。

▶答えは p.83、スクリプトは別冊 p.13〜14

🔊 No.80　1番　① ② ③ ④

　1　上から2段目の右のほう
　2　上から2段目の左のほう
　3　上から3段目の左のほう
　4　一番上の段の右のほう

何段目かということに注意する。

🔊 No.81　2番　① ② ③ ④

「前はイタリアレストランだったところ」は、もうそのレストランはないという意味。

🔊 No.79のスクリプト

Q：田中さんの家はどこですか。
A：「あの花屋の向かいです。」
a　花屋の前の家です　　b　花屋の手前です　　c　花屋の向こうです

第4章 いろいろな内容を聞きましょう

2　もっと＋復習

もっと 勉強しましょう

方角、地図、位置

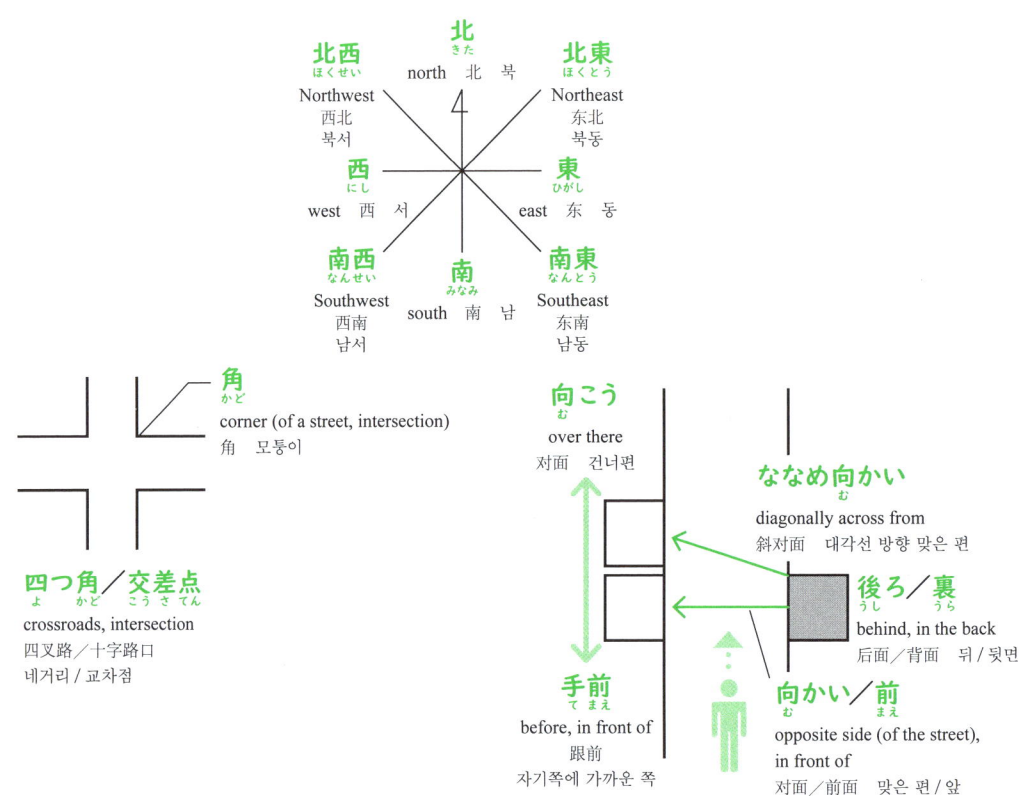

復習 しましょう　音声を聞いて、_____に聞こえたことばを書きましょう。

🔊 No.80　1番　男の人と女の人が話しています。男の人の買った本は、どこにありますか。

男：ちょっと、_____買った本、どこにある？

女：本棚に_____けど。確か、上から2段目、_____。

男：上から２段目ね…。

女：あ、左のほうかもー。

男：左のほうね…あ、あった！ ＿＿＿＿＿＿＿＿＿＿＿下じゃないか。

男の人の買った本は、どこにありますか。

🔊 No.81　２番　会社で、仕事が終わりました。みんなで行く居酒屋は、どこにありますか。

男：さあ、仕事も終わったし、＿＿＿＿＿＿＿＿＿＿＿に飲みに行こうか。花屋のとなりにできた居酒屋にしようか。

女：花屋のとなり？　え？　どこですか。

男：えーっと、100円ショップの＿＿＿＿＿＿＿＿＿の。ほら、花屋と本屋の＿＿＿＿＿＿＿＿＿に新しくできた居酒屋だよ。

女：ああ、わかりました。前はイタリアンレストランだったところですね。あのう、私、ちょっと、電話するところがありますから、皆さん＿＿＿＿＿＿＿＿＿ください。

男：了解。じゃ、みんな、行くぞー。

みんなで行く居酒屋は、どこにありますか。

　　1　イタリアンレストランの向かい
　　2　100円ショップのとなり
　　3　花屋の向かい
　　4　＿＿＿＿＿＿＿＿＿＿＿＿＿＿

▶スクリプトを見て確認しましょう。別冊 p.13〜14

p.81の答え：
1番　**3**　　2番　**4**

第4章 いろいろな内容を聞きましょう

3 数・数字・計算

Numbers - Figures - Making Calculations　数・数字・计算　수・숫자・계산

学習日　月　日（　）

聞いてください
🔊 No.82

▶答えとスクリプトは右ページ下

✿ 計算がある問題でも、簡単な計算なので落ち着いて聞きましょう！

Don't let yourself be rattled by math-related questions. All the calculations are simple, so just relax and listen!
即使问题中有计算，也是较简单的计算，应沉着听清问题！　계산이 있는 문제라도, 간단한 계산이니 침착하게 들읍시다！

100g 500円の肉を
20%引きで
1キロ買うといくら？

…ああ、難しい…

カレンダーに関することば

日にち	月げつ	火か	水すい	木もく	金きん	土ど
1日 ついたち	2日 ふつか	3日 みっか	4日 よっか	5日 いつか	6日 むいか	7日 なのか
8日 ようか	9日 ここのか	10日 とおか	11日	12日	13日	14日 じゅうよっか
15日	16日	17日	18日	19日 じゅうくにち	20日 はつか	21日
22日	23日	24日 にじゅうよっか	25日	26日	27日	28日
29日 にじゅうくにち	30日	31日				

◆ 週末しゅうまつ　weekend　周末　주말
　月末げつまつ　end of the month　月末　월말
　年末ねんまつ　end of the year　年末　연말

84　Chapter 4 : Identifying the Topic of Discussion

日常でよく使われる単位

| 重さ | weight | 重量 | 무게 | ～g
グラム | ～kg
キロ(グラム) | |
| 体重 | weight | 体重 | 체중 | | | |

長さ	length	长度	길이	～mm ミリ(メートル)	～cm センチ(メートル)	～km キロ(メートル)
身長	height	身高	신장			
距離	distance	距离	거리			

＊～kg／～km どちらも、「キロ」ということが多い。

| 割合 | proportion, ratio | 比例 | 비율 | ～割
わり | ～率
りつ | ～％
パーセント |

＊セールのときに、2割引、20％引、20％オフなどよく使う。

れんしゅう 音声を聞いて、質問の答えとして最もよいものを一つ選んでください。

▶答えは p.87、スクリプトは別冊 p.14

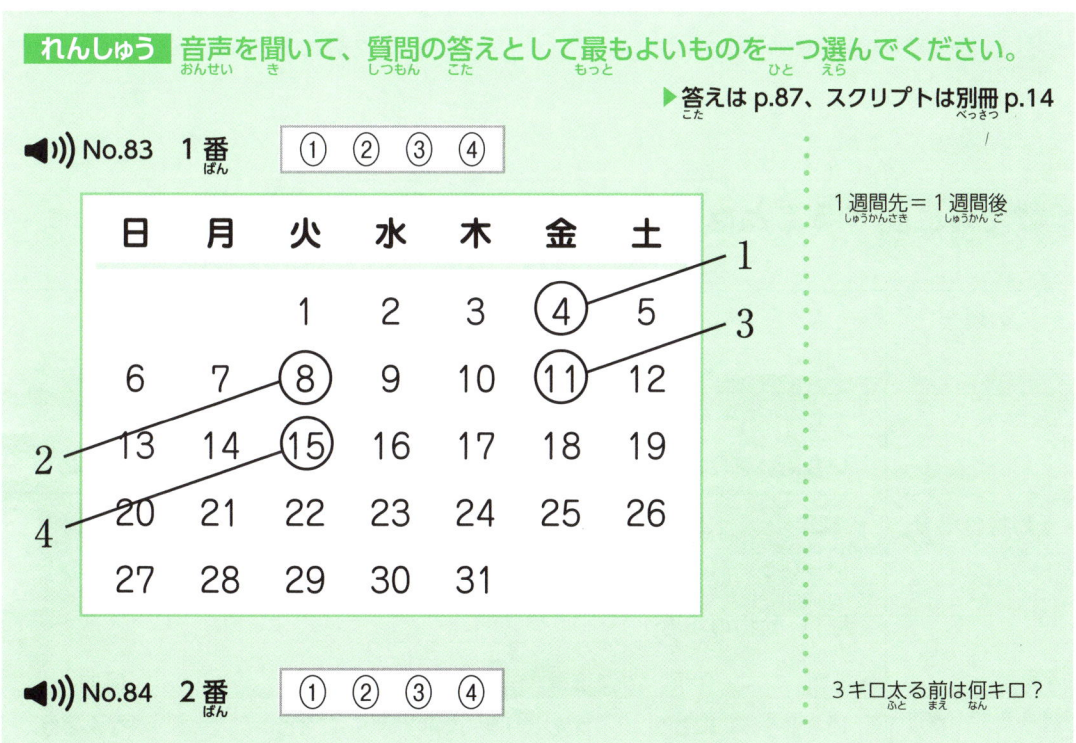

1週間先＝1週間後

3キロ太る前は何キロ？

🔊 No.82のスクリプト
Q：正しいのはどれですか。
A：「100g 500円の肉を 1キロ買うといくらですか。」
　a　1500円　　b　5000円　　c　15000円

第4章 いろいろな内容を聞きましょう

3 もっと＋復習

もっと 勉強しましょう

計算に関することば

- ＋ ◆ 足す／加える／プラスする　to add　加／加算／加上　더하다 / 더 넣다 / 플러스하다
- ◆ 計／合計　total　共計／合計　계 / 합계
- ✕ ◆ 掛ける　to multiply　乘以　곱하다
- ◆ 倍／2倍　2 times　2倍　두 배
- －　◆ 引く／取る／マイナスする　to subtract　減／減去／減掉　빼다 / 덜어내다 / 마이너스하다
- ◆ 差　difference (in amount)　差　차이
- ÷ ◆ 割る　to divide　除以　나누다
- ◆ 2分の1　half　2分之1　2분의 1

数え方に関することば

人の場合	◆ 1人 ひとり	2人 ふたり	3人 さんにん	4人 よにん	5人 ごにん	…	何人 なんにん
	◆ 1名 いちめい	2名 にめい	3名 さんめい	4名 よんめい	5名 ごめい	…	何名 なんめい
動物の場合	◆ 1匹 いっぴき	2匹 にひき	3匹 さんびき	4匹 よんひき	5匹 ごひき	…	何匹 なんびき
	〈大きい動物の場合〉						
	◆ 1頭 いっとう	2頭 にとう	3頭 さんとう	4頭 よんとう	5頭 ごとう	…	何頭 なんとう
鳥の場合	◆ 1羽 いちわ	2羽 にわ	3羽 さんわ	4羽 よんわ	5羽 ごわ	…	何羽 なんわ

＊その他、物によっていろいろな数え方があります。
　There are also various other ways to count things, depending on what they are.
　另外，量詞的使用因事物之不同而多種多樣。　이외에도 물건에 따라 세는 방법은 다양합니다.

復習しましょう　音声を聞いて、＿＿＿＿に聞こえたことばを書きましょう。

🔊 **No.83**　1番　男の人と女の人が話しています。男の人は、いつまた女の人を訪ねますか。

男：ではもう一度お伺いしますが、いつがよろしいですか。

女：えーっとね、＿＿＿＿＿＿＿は忙しいから、来月に＿＿＿＿＿＿＿なら。

男：そうですか。では、来月の8日はどうでしょうか。

女：8日ね…。あ、だめだ。その日は予定が＿＿＿＿＿＿＿んです。

　　1週間＿＿＿＿＿＿＿くれませんか。

男：わかりました。じゃ、…

男の人は、いつまた女の人を訪ねますか。

🔊 **No.84**　2番　女の人が話しています。この人の今の体重は、何キロですか。

女：ダイエットしてたのに、この休み中に3キロも＿＿＿＿＿＿＿。50キロまであと＿＿＿＿＿＿＿だったのに。あーあ、難しいよね、ダイエットって。

この人の今の体重は、何キロですか。

　1　約47キロ
　2　約49キロ
　3　約51キロ
　4　約＿＿＿＿キロ

▶ スクリプトを見て確認しましょう。別冊 p.14

---

p.85の答え：
1番　**4**　　2番　**4**

第4章　いろいろな内容を聞きましょう

4

順序・比較
じゅんじょ　ひかく

Order - Comparison　順序・比較　순서·비교

学習日　　月　　日（　）

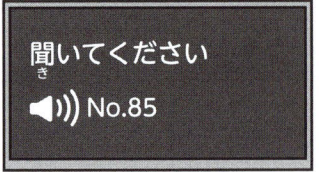

▶答えとスクリプトは右ページ下

❀ 順序を表すことばや比較を表すパターンに注意しましょう！

Spot the patterns commonly used to indicate order or make comparisons!
应注意表示顺序的词语或表示比较的形式！　순서를 나타내는 말이나 비교하는 표현 패턴에 주의합시다!

順序を表すことば

初めに **最初に** first, in the beginning, at the start 开头／最初 처음에 / 최초에	**次に** **2番目に** next, second 其次／第 2 个 다음에는 / 두 번째는	**最後に** **終わりに** lastly, finally 最后／结尾 최후에 / 마지막으로는

～、　　　　　　　～、　　　　　　　～。

◆ **前は**
　この前（は）
　この間（は）
　before, before, the other (day, week, etc.)
　以前／之前／此前
　전에는 / 지난 번에 (는) / 이전에 (는)

～だった。

次は
この次は
next, next time
下次／下一次
다음은 / 이 다음 (은)

～だろう。

★「今度」の使い方に注意！
こんど　つかいかた　ちゅうい

◆ **今度の試験は難しかった。**
　This test was hard.　这次考试太难了。　이번 시험은 어려웠다.

◆ **今度、海へ行きましょう。**
　Let's go to the beach sometime.　下次去海边吧。　다음번에는 바다로 갑시다.

◆ **今度のテストはがんばろう。**
　Let's do our best for the next test.　下次考试努力。　다음 시험은 열심히 하자.

Chapter 4 : Identifying the Topic of Discussion

注意しましょう

★どっちを先にするかに注意しよう。

AB順	◆ AしてからBする	食事をしてから映画を見よう。 ＊理由の「から」ではなく、順序の「から」
	◆ AしたあとBする	食事をしたあと歯を磨く。
BA順	◆ Aする前にBする	毎晩寝る前に歯を磨いている。
	◆ AするまでにBする	お客さんが来るまでに掃除しておこう。
	◆ AしようとしたときにBが起こる	家を出ようとしたときに電話が鳴った。

れんしゅう 音声を聞いて、質問の答えとして最もよいものを一つ選んでください。

▶答えはp.91、スクリプトは別冊p.14〜15

🔊 No.86　1番　① ② ③ ④

1　駅
2　コンビニ
3　郵便局
4　銀行

お金を下ろす：
to withdraw money
(from the bank, ATM)
取钱
돈을 인출하다

🔊 No.87　2番　① ② ③ ④

言い換えのことばに注意。

🔊 No.85のスクリプト
Q：田中さんの家について正しいのはどれですか。
A：「山田さんの家ほど大きくないよ。」
a　山田さんの家より小さい
b　山田さんの家より大きい
c　山田さんの家と同じくらいの大きさだ

第4章 いろいろな内容を聞きましょう

4 もっと＋復習

もっと 勉強しましょう

比較を表すパターン

- AはBより～だ。　　田中さんの家は私の家より大きい。
  Mr. (Ms.) Tanaka's house is bigger than mine.
  田中的家比我家大。　다나카 씨의 집은 우리 집보다 크다.

- AよりBのほうが～だ。　私、コーヒーより紅茶のほうが好きだ。
  I like black tea more than coffee.
  比起咖啡，我更喜欢红茶。　난 커피보다 홍차를 더 좋아한다.

- Aが最も／一番～だ。　私にとってはカタカナが最も難しい。
  Katakana is the hardest for me.
  对我来说，片假名最难。　나한테는 가타카나가 가장 어렵다.

- AはBほど～ではない。　日本では、豚肉は牛肉ほど高くない。
  Pork is not as expensive as beef in Japan.
  在日本，猪肉不像牛肉那么贵。　일본에서 돼지고기는 소고기만큼 비싸지 않다.

- Aも～だがBほどじゃない。　ニューヨークも車が多いが東京ほどじゃない。
  There are a lot of cars in New York, but not as many as in Tokyo.
  纽约的车很多，但不如东京多。　뉴욕은 차가 많지만 도쿄만큼은 아니다.

- AはBに比べて～だ。　今日は昨日に比べて暑い。
  It's hotter today compared to yesterday.
  今天比昨天热。　오늘은 어제에 비해 덥다.

ぼくの家は君の家ほど大きくないよ。

どっちの家が大きいの？

復習しましょう　音声を聞いて、＿＿＿＿に聞こえたことばを書きましょう。

🔊 No.86　1番　男の人と女の人が話しています。2人は、映画に行く前にどこに行きますか。

女：悪いけど、映画に行く前に、郵便局に＿＿＿＿＿＿＿＿＿＿＿＿＿？ このはがき、出したいの。あ、お金も＿＿＿＿＿＿＿＿＿＿＿＿。郵便局のあと、銀行にも寄って。

男：えー？ そんなに寄ってる時間ないよ。駅前のコンビニで＿＿＿＿＿＿＿＿＿＿＿＿の？ ポストあるし、ATM もあるだろ？

女：あ、そうね。

2人は、映画に行く前にどこに行きますか。

🔊 No.87　2番　会社で、男の人が女の社員に会議のことで話しています。女の社員は、このあとまず何をしますか。

男：これ、午後の会議で使うから、10部ずつコピーしといて。＿＿＿＿＿＿＿＿＿＿＿、文字とかの間違いがないか、＿＿＿＿＿＿＿＿＿＿＿くれるかな。それから、始まりの時間が、30分＿＿＿＿＿＿＿＿＿＿＿＿＿、全員に連絡入れてくれたよね？

女：はい、入れておきました。

女の社員は、このあとまず何をしますか。

　1　会議に出席する
　2　書類をコピーする
　3　書類の＿＿＿＿＿＿＿＿をする
　4　時間が変わったことを連絡する

▶スクリプトを見て確認しましょう。別冊 p.14～15

---

p.89の答え：
1番　**2**　　2番　**3**

第4章 いろいろな内容を聞きましょう

5 まとめの問題

制限時間：12分
答えは p.94
スクリプトは別冊 p.15〜17
点数／100

問題 I

15点×2問

まず質問を聞いてください。それから話を聞いて、1〜4の中から最もよいものを一つ選んでください。

🔊 No.88　1番　

🔊 No.89　2番　

1　今すぐ
2　今日の6時ごろ
3　明日の6時半
4　10日後

問題 Ⅱ

15点×2問

まず質問を聞いてください。そのあと、選択肢を読んでください。読む時間があります。それから話を聞いて、1〜4の中から、最もよいものを一つ選んでください。

🔊 No.90　1番　① ② ③ ④

1　駅と同じ通り
2　マンションの3階
3　コンビニのとなり
4　レストランの向かい

🔊 No.91　2番　① ② ③ ④

1　デザインが気に入らないから
2　高級すぎて、今の自分にはもったいないから
3　薄すぎて、かっこ悪いから
4　父親が気を悪くするから

問題Ⅲ

20点×2問

この問題は、全体としてどんな内容かを聞く問題です。話の前に質問はありません。まず話を聞いてください。それから質問と選択肢を聞いて、1〜4の中から、最もよいものを一つ選んでください。

🔊 No.92　1番　① ② ③ ④

🔊 No.93　2番　① ② ③ ④

まとめの問題（p.92〜p.94）の答え：
問題Ⅰ　1番　2　　2番　2
問題Ⅱ　1番　2　　2番　2
問題Ⅲ　1番　1　　2番　2

模擬試験
もぎしけん

答え・スクリプトは別冊にあります。
こた　　　　　　　　　　　べっさつ

Answers and scripts can be found in the separate booklet.
答案和问题原文在附录的别册里。
대답과 스크립트는 별책에 있습니다.

模擬試験

制限時間：40分
答え、スクリプトは別冊 p.17〜23
点数 ／100

問題 I

5点×6問

まず質問を聞いてください。それから話を聞いて、1〜4の中から最もよいものを一つ選んでください。

🔊 No.94　1番　① ② ③ ④

1　間違いを直す
2　みなみ商事に送る
3　みなみ商事に届ける
4　田中さんに取りに来てもらう

🔊 No.95　2番　① ② ③ ④

1　パートIを見る
2　パートIIを見る
3　パートIを借りに行く
4　パートIIを借りに行く

🔊 No.96　3番　① ② ③ ④

1　お湯を沸かしておく
2　炊飯器のスイッチを入れる
3　お米を洗って、ご飯を炊く
4　女の人を駅へ迎えに行く

🔊 No.97 4番 ① ② ③ ④

1　1500円
2　2000円
3　2500円
4　3000円

🔊 No.98 5番 ① ② ③ ④

1　りんごを取りに行く
2　病院に行く
3　おばあちゃんに電話する
4　友達の家に行く

🔊 No.99 6番 ① ② ③ ④

1　レシートを探す
2　買ったところに電話する
3　メーカーに電話する
4　自分で修理する

問題 II

5点×6問

まず質問を聞いてください。そのあと、選択肢を読んでください。読む時間があります。それから話を聞いて、1～4の中から、最もよいものを一つ選んでください。

🔊 No.100 1番 ① ② ③ ④

1 時間を間違えたから
2 日にちを間違えたから
3 前の番組が時間通りに終わらなかったから
4 野球の試合が中止になったから

🔊 No.101 2番 ① ② ③ ④

1 男の人の釣りに対する考え方に賛成できないから
2 魚を食べるのはかわいそうだから
3 昨日の晩ご飯に誘ってもらえなかったから
4 釣りはすべきではないと思っているから

🔊 No.102 3番 ① ② ③ ④

1 ボーナスで全額返す
2 ボーナスで半分返して、来月の給料日に残りの半分を返す
3 来月の給料日に全額返す
4 来月までにだれかに借りて全額返す

🔊 No.103 4番 ① ② ③ ④

1 すぐに席を代わってあげる
2 気がつかないふりをする
3 考えているうちに、席を代わってあげる機会をなくす
4 次の駅で降りるふりをして、席からはなれる

🔊 No.104 5番 ① ② ③ ④

1 海側の和室
2 山側の洋室
3 海側の洋室
4 山側の和室

🔊 No.105 6番 ① ② ③ ④

1 午後1時ごろ
2 午後1時半ごろ
3 午後2時ごろ
4 午後2時半ごろ

問題Ⅲ

4点×3問

この問題は、全体としてどんな内容かを聞く問題です。話の前に質問はありません。まず話を聞いてください。それから、質問と選択肢を聞いて、1～4の中から、最もよいものを一つ選んでください。

🔊 No.106 1番 ① ② ③ ④

🔊 No.107 2番 ① ② ③ ④

🔊 No.108 3番 ① ② ③ ④

模擬試験

問題 Ⅳ

3点×4問

絵を見ながら質問を聞いてください。矢印（➡）の人は何と言いますか。1～3の中から、最もよいものを一つ選んでください。

🔊 No.109　1番　① ② ③

🔊 No.110　2番　① ② ③

🔊 No.111　3番　① ② ③

🔊 No.112　4番　① ② ③

問題 V

2点×8問

まず文を聞いてください。それからその返事を聞いて、1～3の中から最もよいものを一つ選んでください。

🔊 No.113　1番　① ② ③

🔊 No.114　2番　① ② ③

🔊 No.115　3番　① ② ③

🔊 No.116　4番　① ② ③

🔊 No.117　5番　① ② ③

🔊 No.118　6番　① ② ③

🔊 No.119　7番　① ② ③

🔊 No.120　8番　① ② ③

イラスト	花色木綿
翻訳・翻訳校正	株式会社ラテックス・インターナショナル／株式会社アミット（英語）
	株式会社シー・コミュニケーションズ／株式会社アミット（中国語）
	李銀淑／株式会社アミット（韓国語）
ナレーション	沢田澄代　田丸楓　遠近孝一　茂木たかまさ　山中一徳　吉田聖子
録音・編集	スタジオ グラッド　アスク映像事業部
DTP	株式会社あるむ
装丁	岡崎裕樹
印刷・製本	株式会社光邦

「日本語能力試験」対策

日本語総まとめ N3 聴解 ［増補改訂版］

2011年　9月30日　初版　第1刷発行
2024年10月25日　増補改訂版　第1刷発行
2025年10月 3日　増補改訂版　第3刷発行

著　者　　佐々木仁子・松本紀子
発　行　　株式会社アスク
　　　　　〒162-8558　東京都新宿区下宮比町2-6
発行人　　天谷修身

許可なしに転載、複製することを禁じます。
©Hitoko Sasaki, Noriko Matsumoto 2024　　Printed in Japan　　ISBN978-4-86639-773-3

書籍に関するお問い合わせ
 https://ask-books.com/support/　

増補改訂版 「日本語能力試験」対策
日本語総まとめ

N3 聴解
別冊

- **れんしゅう** [スクリプト]
- **まとめの問題** [スクリプト]
- **模擬試験** [答え]、[スクリプト]

第1章　準備をしましょう

1　発音について　(p.15)

1番　♪No.02
① マッチ
② まっすぐ
③ せっけん（石鹸）
④ ポケット
⑤ ゆっくり
⑥ ちかてつ（地下鉄）
⑦ ストップ
⑧ いってらっしゃい

2番　♪No.03
① セーター
② ゆうびんきょく（郵便局）
③ とうけい（統計）
④ おじさん（伯父さん・叔父さん）
⑤ おおきい（大きい）
⑥ おばさん（伯母さん・叔母さん）
⑦ しゅみ（趣味）
⑧ ビル

2　文法について①　(p.17)

1番　♪No.05
① 男：あ、持ってきてくれたの？
　 女：ええ。
② 男：写真を撮らせていただけないでしょうか。
　 女：あ、いいですよ。
③ 男：森さんに行ってもらおうか。
　 女：そうですね。
④ 男：森さんに仕事を手伝わされたんだって？
　 女：そうなんですよ。

2番　♪No.06
① 男：このペン、借りてもいい？
　 女：いいですよ。
② 男：森さんに、ほめられたんだって？
　 女：ええ、そうなの。
③ 男：森さんに、書類を作ってもらおうと思ったんですけど。忙しそうですね…。
　 女：じゃ、私がいたしましょうか。
　 男：そうしていただけますか。助かります。
④ 女：顔色が悪いですよ。どうしたんですか。
　 男：ええ、ちょっと具合が悪いんです。明日、午前中に病院へ行ってきてもよろしいですか。
　 女：ええ、かまいませんよ。

3　文法について②　(p.19)

1番　♪No.08
① どちらにお住まいですか。
② 何になさいますか。
③ お荷物、お預かりいたします。

2番　♪No.09
① 男：ちょっと、伺いますが…。
　 女：はい、なんでしょう。
② 女：では、明日10時までにこちらにいらしてください。
　 男：わかりました。
③ 女：何か、お探しですか。
　 男：いえ、見てるだけです。
④ 男：2番目にお待ちのお客様、こちらにどうぞ。

4　会話表現①　(p.21)

1番　♪No.11
① 男：どう、このシャツ。
　 女：いいんじゃない？
② 男：あー、事故か、まったく。

女：混んでるわけね。
③ 男：もう食べないの？ ダイエットしてるの？
　　女：そういうわけじゃないけど。
④ 男：開演まで、あと10分だね。
　　女：早く始まらないかなあ。
⑤ 男：ねえねえ、それでさあ、結局ね…
　　女：あー、ちょっと、話しかけないでくれない？

2番　🔊 No.12
① 男：パソコン直したよ！
　　女：さすがね！
② 男：今度一緒に、映画でも行きませんか。
　　女：ぜひ。

5　会話表現② (p.23)

1番　🔊 No.14
① おかけになってお待ちください。
② メニューをお持ちしました。

2番　🔊 No.15
① 男：この自転車、修理して何年も使ってきたけど、とうとう…
② 男：この絵の良さは、私にはさっぱり…

3番　🔊 No.16
① 男：ちょっと遅くなっちゃって…大丈夫ですよね。
　　女：申し訳ございません。受付は11時までとなっておりますので…。
② 男：先に帰っていいですよ。
　　女：では、そうさせていただきます。

6　まとめの問題 (p.24～p.26)

問題Ⅰ

① ふうとう（封筒）　🔊 No.17
② とけい（時計）
③ オートマチック（automatic）
④ だいひょう（代表）
⑤ さんぎょう（産業）

問題Ⅱ

1番　🔊 No.18
① 行かなきゃ。
② 見ちゃおう。
③ こっち来て。
④ 見ないでくれないかなあ。
⑤ ご乗車にはなれません。

2番　🔊 No.19
① 女：すみません、写真を撮ってもらえませんか。
　　男：いいですよ。
② 女：いつもごちそうになってるから、今日は私に払わせて。
　　男：うん、わかった。
③ 女：ちょっと、それ貸してくれる？
　　男：はい。
④ 女：教えてあげようか。
　　男：はい。
⑤ 女：字がきれいですね。
　　男：そうですか？

3番　🔊 No.20
① 30分待っても来なかったら、帰ってもいいことになっています。
② 給料がいいわけじゃないけど、この仕事が好きなんです。
③ 来週は今週ほど忙しくないんじゃないかな。
④ もう日本は10年ですか。日本語が上手なわけですね。
⑤ 午後なら空いているんですが、午前はちょっと…。

4番　🔊 No.21
① 女：みんなの前で発表してもらいます。

男：えー。
② 男：今日はどうされますか。
　女：カットしてください。
③ 男：明日また来てください。
　女：わかりました。
④ 男：何その絵、下手だなあ、ハハハ。
　女：失礼ね。
⑤ 男：先に食事に行っていいよ。
　女：では、そうさせていただきます。

5番 🔊 No.22
① 田中様でいらっしゃいますか。
② お名前は伺っております。
③ お名前をお書きになって、お待ちください。
④ どうされましたか。
⑤ 証明書をお書きしますので、それをお持ちください。

第2章　問題のパターンに慣れましょう

1　何と言いますか－発話表現－　(p.29)

1番 🔊 No.25
本を読んでいますが、テレビの音がうるさいです。何と言いますか。
1　ちょっと、テレビの音、小さいんだけど…。
2　ちょっと、テレビを消してくれない？
3　ちょっと、テレビ見えないんだけど…。

2番 🔊 No.26
会社にお客さんが来ました。ここで待ってもらいたいです。何と言いますか。
1　どうぞ、おかけになってお待ちください。
2　どうぞ、お待ちしています。
3　どうぞ、ここでお待ちしてよろしいですか。

2　どんな返事をしますか－即時応答－　(p.33)

1番 🔊 No.29
顔色が悪いですよ。どうしたんですか。
1　小さい頃は、よくそう言われましたが…。
2　顔の色は、なんともないですが…。
3　さっきから、ちょっとおなかの調子が…。

2番 🔊 No.30
どうぞ、召し上がってください。
1　どうぞおかまいなく。
2　遠慮していただきます。
3　では、お邪魔します。

3番 🔊 No.31
山田さん、お昼に、新しくできたおそば屋さんに行かない？
1　私は、うどんよりおそばがいいな。
2　そうそう、新しいコンビニができたんだって？
3　あ、今日は、お弁当持ってきたんだ。

3　何をしますか－課題理解－　(p.37)

1番 🔊 No.34
女の人が、肉屋で買い物をしています。このあと、女の人はいくら払いますか。
女：すみませーん。100g 800円のすき焼き用の肉を、200gください。
男：はい、200gですね。お客さん、今日、2000円以上お買い上げの場合、10%引きですよ。
女：あ、そう。じゃあ、300gにしようかしら。
男：はい。300gだと、2160円になります。
女：えっと、ちょっと待って。300gはいらないから…、250gにします。それだとちょうど2000円ですよね。
男：はい、10%引きになりますから…

このあと、女の人はいくら払いますか。

2番　No.35

大学で、男の学生が先生の手伝いをしています。男の学生は、このあとまず何をしますか。

男：先生、このプリント、教室に持っていきましょうか？

女：ありがとう。あ、でも、それ全部は必要ないから、ちょっと待って。必要なものと、必要じゃないものと分けるから。

男：はい。じゃ、先に教室に行って、窓を開けておきます。今日は、暑いから。

女：そうね。お願いね。あ、教室に行く前に、となりの田中先生の部屋に、これを持っていってくれる？　置いてくるだけでいいから。窓を開けたら、またここへ戻ってきてね。持っていくものがたくさんあって、1人で持てないから。

男：はい、わかりました。

男の学生は、このあとまず何をしますか。

4　どうしてですか－ポイント理解－　(p.41)

1番　No.39

男の人と女の人が、これから本屋に行きます。女の人は、何を買うつもりですか。

女：ねえ、これから本屋に行くんだけど、一緒に行かない？　英語の辞書がほしいって言ってたでしょ？

男：あ、辞書は、もう買ったからいいんですが、ほしい雑誌があるから、行きます。田中さんは、何を買うんですか。

女：ガイドブック。今度の休みに京都へ行く予定で、詳しい地図の載ったものがほしいんだ。ついでに、私も週刊誌買おうかな。あの本屋、大きくないけれど、雑誌コーナーは、充実して(※)いていいよね。

男：はい、本当に。ぼくのほしいのは普通の本屋にはないけれど、あそこにはあるんですよ。

女の人は、何を買うつもりですか。

(※)　充実する：to have a lot of (content, features, items, etc.); to have many (different types)　充実　종류나 내용이 풍부하다

2番　No.40

会社で、男の人と女の人が話しています。女の人が、会社に歩いてくるのはどうしてですか。

男：便利なところに引っ越したんだって？

女：うん、駅前のマンションだから、買い物なんかにも本当に便利よ。

男：駅前かあ、いいねー。ぼくなんか駅まで20分もかかるよー。

女：でもね、電車にもあんまり乗らなくなっちゃった。最近は、会社までも歩いてきてるの。

男：へー、健康のため？

女：ううん、そうじゃなくて、駅が地下深いところにあるから、電車に乗るまで時間がかかっちゃうし。ほら、ここも上に出るまでエスカレーターに何本も乗らないといけないじゃない？　会社まで2駅だし、歩くのもそんなに時間が変わらないし。

男：そうかー。確かに東京の地下鉄の駅って、すごく深いところにあるからなー。

女の人が、会社に歩いてくるのはどうしてですか。

5　どんな内容ですか－概要理解－　(p.45)

1番　No.43

男の人が、電話で誰かと話しています。

男：あれ、元気ないね。…疲れてる？　…ああ、会議続きで？　…大変だね。でも、会議ならまだいいんじゃない？　こっちは、また出張だよ。そうそう、先月行ったばかりなのに。まっ

たく！海外出張っていうのは特にストレスがたまるんだよな。…そう、やっぱり英語には苦労するし、行っている間、ずっと緊張のしっぱなしだから、疲れちゃって。…うん、休みの日に出かける元気もなくなるよ。…そうそう、お互いちょっと長い休みが必要だよね。

男の人は何について話していますか。
1　出張の場所
2　会議のやり方
3　仕事のストレス
4　今度の休み

2番　🔊 No.44

女の人が、レストランに電話をしています。

女：今度の日曜日の6時に予約を入れている青木と申しますが、ちょっとお聞きしたいことがありまして。

レストランの人：はい、どのようなことで。

女：今、6人で予約をしているんですが、2人増えますが、大丈夫でしょうか。

レストランの人：あ、大丈夫ですよ。皆様、同じ8000円のコースでよろしいですよね。

女：え？　7000円のコースを予約しているはずですけれど。

レストランの人：あ、7000円のコースでしたね。失礼いたしました。

女：1人、20分ほど遅れるかもしれないということなんですが…。

レストランの人：では、先にお飲み物をお出しして、お食事を始めるのは、皆様がおそろいになって(※)からということにしましょうか。

女：それでお願いできますか。

女の人は、何のためにレストランに電話をしましたか。

1　予約の時間を変更するため
2　予約の人数を変更するため
3　料理の内容を聞くため
4　料理の内容を確認するため

(※) 皆様がおそろいになる＝全員がそろう：to have everyone assembled, to have everyone gathered together　全体到齐　전원이 모이다

6　まとめの問題　(p.48〜p.50)

問題Ⅰ

1番　🔊 No.45

久しぶりに、知り合いに会いました。何と言いますか。

1　ご無沙汰になっております。
2　ご無沙汰しております。
3　ご無沙汰いたします。

2番　🔊 No.46

教科書を忘れてしまいました。何と言いますか。

1　教科書、忘れちゃったの。見てもらえない？
2　教科書、忘れちゃったの。見せてくれていい？
3　教科書、忘れちゃったの。見せてもらえない？

問題Ⅱ

1番　🔊 No.47

先日は、ありがとうございました。
1　いえいえ、こちらこそ。
2　どうも、おかげさまで。
3　はい、とんでもありません。

2番　🔊 No.48

どこで日本語を習われたんですか。
1　自分で習いました。

2 だれも習わなかったんです。
3 特に習ったわけではないんです。

問題III

1番 No.49

会社で、男の人と女の人が、明日の電車のストライキについて話しています。女の人は、どうやって会社に来ますか。

女：明日、私鉄のストライキですよね。
男：そうだね。ぼくは車で来るつもりだけれど、君は？
女：ＪＲ(※1)と地下鉄を乗り継いで(※2)と思っているんですが…。
男：家からＪＲの駅は近いの？
女：それが遠いんですよ。歩くと30分はかかるんです。主人に車で送ってもらえればいいんですが、あいにく主人は出張中で…。
男：大変だね。でも、車も混んでいて大変だろうね…。

女の人は、明日どうやって会社に来ますか。

(※1) ＪＲ (= Japan Railways)：A major railroad network that covers all of Japan.　日本全国的主要鉄路網。　일본 전국에 있는 주요 전철망.

(※2) 乗り継ぐ：to change/transfer (to a different train), to connect (to a different flight)　転乗　목적지에 도착하기 위한 갈아타기

2番 No.50

男の人と女の人が、映画館の前で話しています。男の人は、これから何をしますか。

男：映画、始まるまでずいぶん時間があるね。コーヒーでも飲んでからにする？
女：あ、私、ちょっと買いたいものがあるから、となりのデパート寄っていい？　すぐ終わるから。

男：じゃあ、付き合うよ。…あー！　大変だー！これ、会社に置いてこないといけなかったんだ。すぐ戻ってくるから、買い物が終わったら、そこのカフェで待ってて。
女：えー！　もう、間に合うの？
男：タクシーで行ってくる。地下鉄だと乗り換えが面倒だし。
女：だめだめ、道混んでて、かえって(※)時間がかかるよ。
男：そうだね。乗り換えがあっても、そのほうが早いか。

男の人は、これから何をしますか。

(※) かえって：instead, but rather　反而　오히려

問題IV

1番 No.51

学校で、男の学生と女の学生が話しています。男の学生は、どうして元気がないのですか。

女：元気ないね。どうしたの。
男：さっき、佐藤先生に呼び出されてさ。「君、出席日数もぎりぎりだし、レポートも出していないし、今度の試験でがんばらないと、卒業、危ない(※1)ぞ。」って言われたんだ。
女：ほんと？　でも、大丈夫でしょう。いつもテストはいい点取っているじゃない。
男：いや…どうしよう…。今回は、自信ないんだ。サボって(※2)ばかりいたから…。テスト、あさってだけど、今日も明日もバイトだし…。バイト休んで勉強したほうがいいかなあ…。
女：そうしたほうがいいかもよ。とにかく、がんばらないと。

男の学生は、どうして元気がないのですか。

(※1) 卒業が危ない：might not graduate, in danger of

not graduating　恐怕毕不了业　졸업하기 어렵다

(※2) サボる：to skip (school, practice, work, etc.)　旷课　게으름을 피우거나 수업에 출석하지 않았다

2番　No.52

2人の女の人が田中さんについて話しています。2人は、何について驚いていますか。

女1：ねえ、田中さんってもう50代だったって知ってた？
女2：うそー！私、まだ30代だと思ってた。
女1：私も。35は絶対に過ぎてると思ってたんだけど、もう52なんだって。
女2：へえ、びっくり。まあ、そういえば、子どもたち2人とももう大きいんだよね。
女1：そう。上は大学生で、下の子ももう高校生だって。

2人は、何について驚いていますか。

問題V

1番　No.53

男の人と女の人が、子どもが1人いる母親に聞いた調査の結果について、話しています。

女：このアンケートの結果、おもしろいよ。子どもが1人いる母親100人に、あと何人子どもがほしいかって聞いたら、ほとんどが、もういらないって答えたんだって。
男：へえ、意外だねえ。でも、そのアンケートって、ちょっとおかしいよ。だって、今いる子どもの年齢によっても違うんじゃないの。まだ小さければ、もう1人ほしいなと思うだろうし、6歳以上になってたら、もういらないって答える人が多いんじゃない？　その結果、そのまま信じないほうがいいと思うよ。
女：そう言われればそうね。私なんか、あと3人はほしいと思っているものね。

男：えー！

男の人は、このアンケートについてどう思っていますか。

1　結果が自分の意見と違うので不満だ
2　アンケートの仕方に問題がある
3　結果に間違っているところがある
4　自分たちにアンケートしてほしかった

2番　No.54

男の人が友達に電話をしましたが、いなかったので、留守番電話に用件を入れました。

男：もしもし、おれ、加藤だけど。頼みたいことがあって。先輩がロックのライブをやるっていうんだけど、チケットを買ってくれないかって言われて…。おれは、バイトが休めないから行けないんだけど、先輩に世話になっているから、売ってあげますって言っちゃったもんで。今度の日曜、6時から。場所は新宿。チケットは1000円。都合どう？　電話、待ってるよ。よろしく。

加藤さんは、何のために友達に電話しましたか。

1　ライブのチケットを売るため
2　ライブに一緒に行ってもらうため
3　ライブの時間と場所を知らせるため
4　ライブにだれが出るか教えるため

第3章　いろいろな場所で聞きましょう

1　町で　(p.53)

1番　No.56

スーパーマーケットのアナウンスです。アナウンスの内容と合わないものはどれですか。合わないものです。

アナウンス：毎度ご来店くださいまして、ありがと

うございます。本日日曜日はお魚の日！新鮮なお魚が**お買い得**となっております。また、冷凍食品が、全品**半額**です。この機会にお求めください(※1)。1パック198円の卵は**お一人様**1パックでお願いいたします。ただ今、当店(※2)では、お得な情報をメールでお知らせする**メール会員**を募集しております。ぜひご入会ください！

アナウンスの内容と合わないものはどれですか。

(※1) お求めください＝買ってください
(※2) 当店＝この店

2番　🔊 No.57

店内放送をしています。呼ばれた人は、何をしなければなりませんか。

女：毎度ご来店くださいまして、ありがとうございます。お客様に、お知らせいたします。さきほど、靴売り場でお買い物をされたお客様、**お言付け**がございますので、売り場まで、**お戻り**ください。

呼ばれた人は、何をしなければなりませんか。
1　靴売り場へ**戻る**
2　車の移動をする
3　忘れ物を取りに行く
4　連れの人に連絡する

2　天気予報・交通情報　(p.57)

1番　🔊 No.59

テレビの天気予報です。東京の天気を表しているのは、どれですか。

アナウンサー：明日から**3連休**(※1)という方も多いと思います。では、気になるお天気です。北海道は、日本海側を中心に**あいにくの**雨ですが、20日月曜日には、晴れるでしょう。東北の太平洋側から関東地方は、**週末**は晴れますが、3日目は**曇りのち雨**。九州から沖縄にかけて(※2)は、3日間とも晴れて暑くなるでしょう。

東京の天気を表しているのは、どれですか。

(※1) 3連休＝3日間続く休み
(※2) 〜から〜にかけて：from ... to　从〜到〜　〜부터〜에 걸쳐서

2番　🔊 No.60

テレビの地震情報です。東京について、正しいものはどれですか。

アナウンサー：ただ今、関東地方で地震がありました。**震源**は茨城で、震度4、マグニチュード4.5、千葉、埼玉、東京は震度3です。この地震による**津波**の心配はありません。

東京について、正しいものはどれですか。
1　**震度は**3である
2　震度は4である
3　震度は4.5である
4　津波の心配がある

3　学校で　(p.61)

1番　🔊 No.62

図書館のカウンターで話しています。学生の探している本は、どこにありますか。

学生：すみません、この本はどこにありますか。インターネットで調べて、あることはわかったんですが…。この番号のところ探しても**見つからなくて**…。810の…。

図書館の人：えーっと…ああ、これは**指定図書**ですね。
学生：え？
図書館の人：**授業**で使う本ですね。
学生：はいはい、そうです。
図書館の人：そういう本は**別**のところにあるんです。今、ここにいますね。…で、ここです。
学生：あ、わかりました。ありがとうございました。

学生の探している本は、どこにありますか。

2番　🔊 No.63

留学生が、日本語学校の受付で話しています。この学生は、入学金と授業料をどのように払う予定ですか。

受付：お疲れ様でした。体験したクラスはどうでしたか。
学生：あ、はい、**気に入りました**。このクラスに入りたいです。
受付：では、入学手続きについて説明しましょう。これが料金表です。この入学金と授業料を**振り込んで**ください。教材費は授業料に含まれています。
学生：あのう、電子マネー使えますか。
受付：いえ、振り込みになります。こちらの口座にお願いします。
学生：えっと、**分割**でもいいですか。
受付：いえ、**一括**でお願いします。
学生：わかりました。

この学生は、入学金と授業料をどのように払う予定ですか。
1　入学金は一括、授業料は分割で支払う
2　電子マネーで支払う
3　教材費と一緒に口座に振り込む
4　口座振り込みで支払う

4　職場で　(p.65)

1番　🔊 No.65

電話で話しています。女の人は、大山さんに何と伝えますか。

男：日本通信(※1)の小川と申しますが、大山様は**いらっしゃいます**でしょうか。
女：お世話になっております。あいにく大山は、ただ今接客中(※2)で…。**終わり次第**、こちらからお電話させましょうか。
男：あ、いえ。お見積書(※3)をメールに添付**させていただいた**とだけお伝えください。

女の人は、大山さんに何と伝えますか。

(※1) 日本通信：会社の名前
(※2) 接客する：to meet a visitor　有客人　접객한다
(※3) 見積書：estimate, price quotation　报价单　견적서

2番　🔊 No.66

留守番電話のメッセージを聞いてください。メッセージを聞いた人は、どうすればいいですか。

男：あ、もしもし、鈴木様の携帯でしょうか。私、ABCリース(※)の森田と申します。昨日メールでご依頼のありました、**プリンター**の交換の件でお電話いたしましたが、またのちほど、お電話させていただきます。失礼いたします。

メッセージを聞いた人は、どうすればいいですか。
1　相手からのメールを待つ
2　相手に電話をかけなければならない
3　相手にメールをしなければならない
4　相手から**電話がかかる**のを待つ

(※) ABCリース：会社の名前
　　　　　　かいしゃ　なまえ

5　病院・いろいろな店で　(p.69)
　　びょういん　　　　　　　みせ

1番　🔊 No.68

男の人が店の人と話しています。男の人は、何を注文しましたか。

女：いらっしゃいませ、こんにちは。こちらで**お召し上がり**ですか、**お持ち帰り**ですか。
男：あ、ここで。
女：こちら、メニューでございます。ただ今、新商品のチキンバーガーセットが**お得**になっております。
男：あ、チーズバーガーとコーヒーください。
女：チーズバーガーがお１つ、コーヒーがお１つ。コーヒーはアイスとホットがございますが。
男：ホット、スモールでお願いします。
女：はい、**かしこまりました**。ご一緒に、フライドポテトはいかがでしょうか。
男：いえ、いいです。
女：では、**お先に**お会計失礼します。680円でございます。…ありがとうございました。ごゆっくりお召し上がりください。

男の人は、何を注文しましたか。

2番　🔊 No.69

男の人が看護師と話しています。看護師の説明と合うものはどれですか。

女：じゃ、明日は**胃の検査**ですからね、朝10時に来てください。今夜9時からは、食べたり飲んだり**しないように**。
男：え、今夜からもう、食べられないんですか。
女：つらいわねえ。今日はもう早く寝ちゃったら？
男：**お茶なら**いいですか。
女：お茶も水も**飲んじゃいけません**よ。

看護師の説明と合うものはどれですか。
1　今夜9時からは食べたり飲んだりしなくてはいけない
2　今夜9時からは食べたり飲んだり**してはいけない**
3　今夜は早く寝なくてはならない
4　今晩10時から、お水しか飲んではいけない

6　まとめの問題　(p.72〜p.74)
　　　　　　　もんだい

問題Ⅰ

1番　🔊 No.70

電車のホームで、男の人と女の人が話しています。洋子さんの弟は、どの子ですか。

女：あの子たち、ふざけて(※1)いて危ないよね。あ、あの子、洋子の弟よ。
男：え？　どの子？
女：ほら、あの、黄色いシャツの半そでの子。
男：ああ、傘さしてる(※2)子？　あー、危ない。
女：違う違う、かばんの取り合い(※3)をしている子よー。

洋子さんの弟は、どの子ですか。

(※1) ふざける：to mess around, to goof off　开玩笑
　　　장난치다

(※2) 傘をさす：with an umbrella (opened) / to open an umbrella / to have an umbrella (and walk with it opend)　打伞　우산을 쓰다

(※3) 取り合い：fight/wrestle over an object　抢夺
　　　서로 빼앗다

2番　🔊 No.71

天気予報が聞こえてきました。関東地方山沿いでは、何に注意が必要ですか。

アナウンサー：今日は西日本は曇りですが、九州、沖縄、北海道は晴れ、関東から北は、

午前中曇り、朝のうち、弱い雨のところもありますが、午後から晴れるでしょう。関東地方、午後は、山沿いを中心に雷をともなった激しい雨が降るところがあります。また、海にお出かけの方は、波がやや高くなりますので、ご注意ください。昨日大雨の降った新潟、三重も、今日は曇り、明日からは晴れるでしょう。沖縄地方、台風9号が近づいています。海沿いでは、夜には波や風が強くなるでしょう。

関東地方山沿いでは、何に注意が必要ですか。

問題 II

1番　　　　　　　　　　　　🔊 No.72

男の人が病院で検査を受けています。男の人は、これから何をしますか。

看護師：血液検査は…
男：　　あ、わかります、前に行ったから。…でも、レントゲンは初めてだから…。
看護師：じゃあ、これ、案内図です。ここをこう行って…ここね。
男：　　ああ、はいはい。わかりました。
看護師：レントゲン撮ったら写真もらって、もう一度ここに戻ってきてください。先生から説明がありますから。
男：　　わかりました。

男の人は、これから何をしますか。

2番　　　　　　　　　　　　🔊 No.73

留守番電話のメッセージを聞いています。これを聞いた人は、どうすればいいですか。

男：みどり図書館です。予約されていた本のご用意ができました。お取り置き(※)は、1週間となっておりますので、来週の火曜日までにご来館ください。

これを聞いた人は、どうすればいいですか。

(※) お取り置き：to be held on reserve, to be set aside
预存　챙겨 두어 보관하는 것

問題 III

1番　　　　　　　　　　　　🔊 No.74

先生と学生が話しています。
男：あ、先生、すみません、遅くなって。電車が止まっちゃったんです。
女：ええ、中央線でしょ？　聞きました。
男：地震があったとか言ってましたけど…。
女：え？　地震じゃないでしょ？
男：でも、じしんじこ…地震で、事故？
女：ああ、地震じゃなくて、人身事故(※)でしょ。だれかがホームから落ちたそうですよ。

学生は、なぜ遅刻しましたか。
1　電車の人身事故のため
2　電車が地震で止まったため
3　電車でけがをしてしまったため
4　人身事故を地震と間違えたため

(※) 人身事故：accident (involving personal injury or death)　撞人事故　인신사고

2番　　　　　　　　　　　　🔊 No.75

男の人と女の人が電話で話しています。
女：はい、今田電気(※)でございます。
男：高木だけど。
女：あ、課長、おはようございます。どうかなさったんですか。
男：子どもが熱出しちゃって、ちょっと病院連れていかなきゃいけないんだ。家内は父親が病気で京都へ帰ってて、今日の午後には帰って

来るんだけど…。
女：大変ですね。
男：で、午後から出るからって、部長に…よろしく。
女：わかりました。お伝えします。

女の人は、部長に何と言いますか。
1 高木さんは午後から病院へ行く
2 高木さんは午前中休む
3 高木さんは今日来られない
4 高木さんは京都へ帰っている

(※) 今田電気：会社の名前

第4章　いろいろな内容を聞きましょう

1　人や物のようす　(p.77)

1番　🔊 No.77

男の人と女の人が写真を見ながら話しています。女の人のお母さんはどの人ですか。

男：この人、君のお母さんだよね。なんだかイメージが違うね。**やせた**？
女：ダイエットもしたみたいだけど、最近メガネを変えたのよ。メガネが小さいと、**老けて見える**んじゃないかって言って…。白髪も**染め**て、花柄の派手な服ばかり選んで、お母さん、年を取ってきたことを、かなり気にしているのよねえ。
男：**若く見える**し、いいんじゃない？

女の人のお母さんはどの人ですか。

2番　🔊 No.78

女の人が男の人の家に行きました。男の人の家にあるソファーはどれですか。

女：ソファー、新しいの買ったの？　かっこいい。高かったでしょう。
男：いや、**中古**だからそれほどでもなかったよ。
女：えー、**新品**じゃないのー？　りっぱ(※1)だし、落ち着いたいい色(※2)じゃない。黒に見えるけど、濃いブルーの**柄**よね。
男：うん、ブルーだよ。でも、ぼくは本当は**無地**で白っぽいのがほしかったんだけどね。

男の人の家にあるソファーはどれですか。
1 黒っぽい無地のソファー
2 白っぽい無地のソファー
3 濃いブルーの柄のソファー
4 薄いブルーの柄のソファー

(※1) りっぱな：nice, good looking, fine　漂亮的　상태가 좋거나 멋진

(※2) 落ち着いた色：cool, soothing color (not flashy)　稳重的颜色　화려하지 않고 안정된 색

2　場所・方向・位置　(p.81)

1番　🔊 No.80

男の人と女の人が話しています。男の人の買った本は、どこにありますか。

男：ちょっと、**この間買った本、どこにある**？
女：本棚に**しまった**けど。確か、上から2段目、**右のほう**。
男：上から2段目…。
女：あ、左のほうかもー。
男：左のほうね…あ、あった！　**もう1段下**じゃないか。

男の人の買った本は、どこにありますか。

2番　🔊 No.81

会社で、仕事が終わりました。みんなで行く居酒屋(※)は、どこにありますか。

男：さあ、仕事も終わったし、**久しぶりに**飲みに行こうか。花屋のとなりにできた居酒屋にし

ようか。

女：花屋のとなり？　え？　どこですか。

男：えーっと、100円ショップの向かいの。ほら、花屋と本屋の間に新しくできた居酒屋だよ。

女：ああ、わかりました。前はイタリアンレストランだったところですね。あのう、私、ちょっと、電話するところがありますから、皆さん先に行ってください。

男：了解。じゃ、みんな、行くぞー。

みんなで行く居酒屋は、どこにありますか。
1　イタリアンレストランの向かい
2　100円ショップのとなり
3　花屋の向かい
4　本屋のとなり

(※) 居酒屋：traditional Japanese style pub　小酒館　이자카야 (선술집)

3　数・数字・計算　(p.85)

1番　🔊 No.83

男の人と女の人が話しています。男の人は、いつまた女の人を訪ねますか。

男：ではもう一度お伺いしますが、いつがよろしいですか。

女：えーっとね、月末は忙しいから、来月に入ってからなら。

男：そうですか。では、来月の8日はどうでしょうか。

女：8日ね…。あ、だめだ。その日は予定が入ってるんです。1週間先にしてくれませんか。

男：わかりました。じゃ、…

男の人は、いつまた女の人を訪ねますか。

2番　🔊 No.84

女の人が話しています。この人の今の体重は、何キロですか。

女：ダイエットしてたのに、この休み中に3キロも太っちゃった。50キロまであと1キロだったのに。あーあ、難しいよね、ダイエットって。

この人の今の体重は、何キロですか。
1　約47キロ
2　約49キロ
3　約51キロ
4　約54キロ

4　順序・比較　(p.89)

1番　🔊 No.86

男の人と女の人が話しています。2人は、映画に行く前にどこに行きますか。

女：悪いけど、映画に行く前に、郵便局に寄ってくれない？　このはがき、出したいの。あ、お金も下ろさなくちゃ。郵便局のあと、銀行にも寄って。

男：えー？　そんなに寄ってる時間ないよ。駅前のコンビニでいいんじゃないの？　ポストあるし、ＡＴＭ(※)もあるだろ？

女：あ、そうね。

2人は、映画に行く前にどこに行きますか。

(※) ＡＴＭ：ATM (automated teller machine)　自動取款机　현금 자동 입출기

2番　🔊 No.87

会社で、男の人が女の社員に会議のことで話しています。女の社員は、このあとまず何をしますか。

男：これ、午後の会議で使うから、10部ずつコピーしといて。その前に、文字とかの間違いがないか、見直しといて(※)くれるかな。それから、始まりの時間が、30分遅くなったこと、全員に連絡入れてくれたよね？

女：はい、入れておきました。

女の社員は、このあとまず何をしますか。
1　会議に出席する
2　書類をコピーする
3　書類のチェックをする
4　時間が変わったことを連絡する

(※)　見直す：to look over/review (and check for mistakes, problems)　重看　다시 보다, 재점검하다

5　まとめの問題　(p.92～p.94)

問題Ⅰ

1番　🔊 No.88

学校で、先生が今度のハイキングについて話しています。先生の指示どおりにしてきたのは、どの生徒ですか。

先生：当日は、スニーカーじゃなくてもかまいませんが、普段(※1)から慣れている歩きやすい靴をはいてきてください。バッグは、両手が空くような、肩や背中にかけられるものにしましょう。帽子は必要です。じゃ、今からバッジ(※2)を配ります。これは左胸(※3)に見えるようにつけてください。時間には絶対に遅れないように。

先生の指示どおりにしてきたのは、どの生徒ですか。

(※1)　普段：on a daily basis, normally　平时　평소

(※2)　バッジ：name tag, badge　胸章　뱃지

(※3)　左胸：left breast, left chest　左胸　왼쪽 가슴

2番　🔊 No.89

男の人が歯医者に電話をしています。男の人は、いつ歯医者に行くことになりましたか。

男：すみません。明日の6時半に予約している田中ですが、明日から10日間出張することになりまして…。帰ってからでは…。

女：そうですね、では、今から来られますか。

男：いえ、すぐには出られないので、えっとー、6時なら…。

女：わかりました。予約の方がいらっしゃいますから、ちょっとお待ちいただくと思いますけれど…。

男：はい、大丈夫です。すみません。

男の人は、いつ歯医者に行くことになりましたか。

問題Ⅱ

1番　🔊 No.90

男の人が駅から女の人に電話をしています。女の人の家は、どこにありますか。

男：もしもし、あのう、今、駅に着きました。A4出口の改札口を出たところです。すみません。道、忘れちゃって…。向かいがレストランだったということと、マンションの3階ということしか覚えていなくて…。

女：あ、そのレストラン、つぶれちゃった(※1)のよ。今、コンビニになっているの。とにかく、改札口を出たところの前の道を左に行ってね。1つ目の角を左に曲がって、100mほど行ったところ。右側5階建てのマンションよ。玄関で、301号室、呼び出して(※2)ね。

男：はい、わかりました。

女の人の家は、どこにありますか。

(※1)　つぶれる：to go out of business, to fold (company)　倒闭　망하다

(※2)　呼び出す：to call someone (over the intercom, etc.)　呼叫　호출, 불러냄

2番

No.91

女の人が、父親からもらった財布について、母親と話しています。女の人は、どうしてその財布を使わないのですか。

母：あら、まだ古い財布を使っているの？ この間、お父さんにいいのを買ってもらったじゃない。

娘：うん、なんだか、もったいなくて(※1)。白いから、汚れちゃうんじゃないかと思うとね。それに、せっかく(※2)スマートな形なのに、いつも入れているものを入れちゃうと、厚くなっちゃってかっこ悪くなっちゃうと思うと…。それに、学生なのに、あんなに高い財布を持っていると、なんだか似合わない気がして。でも、使わないと、お父さん、気を悪くしちゃう(※3)かもね。

女の人は、どうして父親からもらった財布を使わないのですか。

(※1) もったいない：a waste, undeserving, too good for 可惜 아깝다

(※2) せっかく：go through (all the trouble), to go out of the way (to do something nice for someone), even though (it's nice) 好不容易 모처럼

(※3) 気を悪くする：to offend, to hurt one's feelings 不高兴 기분을 상하게 하다

問題Ⅲ

1番

No.92

留学生が、日本の気候について話しています。

女：私は、一年中暑い国から来ましたが、日本の夏のほうが、気温が低いのに、暑く感じられます。日本人の友達が、去年のほうがもっと暑かったって言っていますが、信じられません。私は、半年前に日本に来ましたが、そのときは、雪が降っていて、すごく寒かったです。日本は、寒いときと暑いときの差が激しいですね。でも、私は、そういう季節がはっきりしているところが、気に入っています。春の桜は、本当にきれいだったし、秋が来るのも楽しみです。

この留学生は、日本の気候のことをどう思っていますか。

1 季節がはっきりしているところが好きだ
2 自分の国より気温が高いのは信じられない
3 夏や冬は嫌だが、春と秋はいい
4 冬の寒さより、夏の暑さのほうが厳しい

2番

No.93

引っ越しをして、男の人と女の人が話しています。

女：ねえ、この本棚は、やっぱりここよね。

男：うん。そうだね。えーっと、テレビは、ここに置いて…よいしょっ。

女：え？ 角じゃないほうがいいんじゃない？ テレビ台もコーナー用じゃないし。

男：でも、電源(※1)がここだし、やっぱり角だよ。電話はどこに置く？

女：あなたの机の上でいいんじゃない？ 私はほとんど使わないし。ねえ、それより、やっぱりテレビ、こっちの壁側(※2)にしたほうがいいよ。なんだか、見にくいし。

男：えー？ ここでいいよ。プリンターは、この棚の上でいいよね。このプリンター大きくて、机の上に置けないから。

男の人と女の人は、何について意見が合いませんか。

1 プリンターの大きさ
2 テレビの置き場所
3 電話の使い方
4 テレビ台の形

(※ 1) 電源：power outlet/socket (can also mean "power", "power supply", or "electricity")　电源　전원

(※ 2) 壁側：by/along/next to the wall　靠墙　벽 쪽

模擬試験

問題Ⅰ　(p.96 ～ p.97)

1番　🔊 No.94

こたえ　**3**

会社で、男の人と女の人が書類について話しています。女の人は、これから書類をどうしますか。

男：山下さん、例の書類、みなみ商事(※1)の田中さんに送っといてくれた？

女：いいえ、間違いがあって、直すとかおっしゃっていたので、まだですが。

男：あ、そうだったね、それを先にしないといけなかったんだ。明日までに送ると言ったんだけど、これから訂正してすぐに送ったら、間に合うかな。

女：あのう、ついでがあります(※2)から、午後、みなみ商事にお届けしましょうか。

男：あ、そう。悪いね。じゃ、今すぐ、やってしまうから、お願いするよ。

女：わかりました。では、田中さんに電話を入れておきます。

女の人は、これから書類をどうしますか。

(※1) みなみ商事：会社の名前

(※2) ついでがある：to have the time/opportunity to do something (while running errands or doing other work, etc.)　得便　겸사겸사 해서 볼 일이 있다

2番　🔊 No.95

こたえ　**1**

2人の女の人がスマホの画面を見ながら話しています。2人は、今日これから何をしますか。

女1：映画のチケットもらったんだけど、今度行かない？　これなんだけど…。

女2：あ、それ、私、行きたかったの。うれしー。

パートⅠもすごくおもしろかった。
女1：私、パートⅠ、まだ見てないんだ。
女2：あ、そう…パートⅡを見る前にⅠは見ておいたほうがいいよ。私、DVD持ってるよ。
女1：ほんと？　借りようかな。
女2：ねえ、今からうちに寄って見て行かない？　私ももう一度見ておきたいから。
女1：いいの？　じゃ、これは、来週にでも行こう。

2人は、今日これから何をしますか。

3番　🔊 No.96
こたえ　2

女の人と男の人が話しています。男の人は、このあと何をしますか。
女：もしもし、メール送ったんだけど、読んだ？返事ないから…。
男：え？　知らない。シャワー浴びてたから…。あ、来てる…電車遅れたのか…。で、今どこ？
女：駅に着いたとこ。バス、目の前（※）で行っちゃって…。次のにするから…。
男：迎えに行こうか？
女：いい、いい。それより、悪いけど、ご飯炊いて、お湯沸かしといてくれない？
男：お湯はさっき沸かした。ご飯って、お米の量は？
女：あ、もう炊飯器のスイッチ入れるだけにしてあるから。ごめんねー、8時半には着くと思う。

男の人は、このあと何をしますか。

（※）目の前：right in front of, before one's very eyes
　　　眼前　눈앞

4番　🔊 No.97
こたえ　3

動物園の窓口で、男の人が係の人と話しています。

男の人は、いくら払いますか。
男　：大人2人と子ども2人ですが、いくらになりますか。
係の人：大人の方は、1人1000円になりますが、お子様はおいくつですか。
男　：10歳と1歳です。
係の人：お子様は、12歳までは500円で、3歳以下は無料になっておりますので。

男の人は、いくら払いますか。

5番　🔊 No.98
こたえ　2

母親から留守番電話にメッセージが入っていました。母親は、このあと何をしますか。
母：もしもし、由美？　お母さんだけど。今日、バイトの帰りに、おばあちゃんのところに寄ってくれない？　今ね、おばあちゃんから電話がかかってきて、りんごをたくさんもらったから取りに来いって。お母さん、さっきから調子が悪いから、これから、病院へ行ってこようと思って。おばあちゃん、明日は友達の家に行くから、今日中にだって。お願いね。あ、行く前に、今から行くって電話してね。

母親は、このあと何をしますか。

6番　🔊 No.99
こたえ　3

夫婦が話しています。2人は、これから何をしなければなりませんか。

女：ねえ、これ、修理に出さないと（※1）。
男：そうだねえ。自分ではできないからなあ。でも、修理に出すっていっても、買ったのは旅行先（※2）だったし…。買ったところか、メーカーに問い合わせないと（※3）いけないなあ。
女：そうねえ…。レシート、もらわなかったのよね。店の名前も覚えていないし…。

2人は、これから何をしなければなりませんか。

(※1) 修理に出す：send off for repair, to have something fixed　送去修理　수리하기 위해 맡기다

(※2) 旅行先：vacation destination, holiday destination　旅游目的地　여행처

(※3) 問い合わせる：to inquire, to ask　询问　문의하다

問題Ⅱ　(p.98 ～ p.99)

1番　🔊 No.100
こたえ　3

男の人と女の人が話しています。どうして見たい番組が録画できなかったのですか。
女：ねえ、何これ。
男：え？
女：これ、違う番組よ。
男：ちゃんと録画予約(※1)したんだけどなあ。
女：設定(※2)間違えたんじゃない？
男：今日の午前1時から1時半、7チャンネルだろ？
女：えー？　昨日でしょ！　昨日の夜でしょ？
男：何言ってんだよ。夜中の1時ってことは、今日だよ。
女：あ、そうか。いいのね。じゃ、どうして？
男：あ、これ、前の番組だよ。あー！　野球の試合のせいだ。延びたんだよ(※3)。だからだ。
女：あーあ。

どうして見たい番組が録画できなかったのですか。

(※1) 録画予約：to set the TV (recorder) to record a program　录像预约　녹화 예약

(※2) 設定：setting(s)　设定　설정

(※3) 延びる：to run over time (TV show, sports match),

to extend (schedule, allotted time)　推迟　(시간이) 길어지다

2番　🔊 No.101
こたえ　1

男の人と女の人が話しています。女の人はどうして怒っていますか。
女：最近、釣りにはまってるんだって(※1)？
男：うん、昨日もよく釣れて楽しかったよ。
女：じゃ、昨日の晩ご飯は、お刺身？
男：いや、ぼくは釣るだけなんだ。食べたりしないよ。かわいそうだろ。
女：えー！　何言ってるの！　どっちがかわいそうなのよ。ありがとうって言って食べてあげたらいいじゃない。逃がして(※2)やっても、遊ばれたあとじゃ、弱って、すぐに死んじゃうよ。逃がせばいいなんて考え方おかしいよ。あなたにとって遊びでも、魚にとったら、生きるか死ぬかの戦いなのに、ひどい！

女の人はどうして怒っていますか。

(※1) はまる：to be into something (activity, interest, etc.)　着迷　푹 빠지다

(※2) 逃がす：to let go, to let something escape/get away　放跑　놓아주다

3番　🔊 No.102
こたえ　2

男の人と女の人が話しています。男の人は、どのような方法でお金を返しますか。
女：ねえ、この間のお金、いつ返してくれるの？
男：ごめん。来月から、少しずつ返そうと思ってたんだけど…。
女：えー？　ボーナス出たんでしょ？
男：あ、いやー、ボーナス払いでいろいろ買っちゃったから…半分ならなんとか。

19

女：えーっ！　そんなの困るー。まとめて返してよー。

男：申し訳ない。残りは来月の給料日には必ず。

女：もう！　しょうがないなあ。じゃ、来月絶対よ。だれかに借りてでも返してよね。

男の人は、どのような方法でお金を返しますか。

4番 🔊 No.103

こたえ　3

男の人が話しています。男の人は、電車で自分の座っている席の前にお年寄りが立ったとき、いつもどのようにしますか。

男：前は、よく眠ったふりをして(※1)いました。次の駅で降りるふりをして、ほかの車両に行ったこともありました。すぐに席をゆずりたいんです。でも、緊張してしまって、なんて声をかけようか(※2)とか、そのあとどうしようかとか、断られたら(※3)恥ずかしいとか、いろいろ考えているうちに、そのまま何もできなくて…。

男の人は、電車で自分の座っている席の前にお年寄りが立ったとき、いつもどのようにしますか。

(※1) ふりをする：to pretend, to act as if...　装作～
　　　한 척하다

(※2) 声をかける：to speak to, to call out to　打招呼
　　　말을 걸다

(※3) 断る：to decline (an offer, request), to refuse　拒絶
　　　거절하다

5番 🔊 No.104

こたえ　4

ホテルの受付で女の人が係の人と話しています。女の人は、どの部屋に泊まりますか。

男：お部屋は、8階の819号室で、こちらが鍵になっております。

女：あのー、これ、海側の部屋ですよね。

男：いいえ、あ、海側をご希望でしたか。

女：はい、予約するときに言ったんですけど…。

男：申し訳ございません。少々お待ちくださいませ。お調べします。…えーっと、今、同じ階に1つ海側の部屋が空いていますが、洋室でして…。

女：和室のほうがいいんですけど、ほかは空いていないんですか。

男：申し訳ございません。和室は、6階に空いているところがあるのですが、あいにく山側でして…。

女：あ、そう…じゃ、しかたないですね。このままでいいです。

女の人は、どの部屋に泊まりますか。

6番 🔊 No.105

こたえ　1

男の人と女の人が話しています。男の人は、明日何時ごろ家を出ますか。

女：明日の飛行機、何時？

男：えーっと、16時半出発。

女：国際線だから、2時間前には着いておかないとね。えーっと、空港までここから2時間かかるとして…

男：そんなにかからないよ。今、電車、速いのがあるし。1時間半あれば十分だよ。

男の人は、明日何時ごろ家を出ますか。

問題Ⅲ　(p.99)

1番 🔊 No.106

こたえ　1

店員と客が話しています。

男：お決まりでしたら、お伺いいたしますが。

女：あ、すみません、あとから1人来ることになっ

てるんで、待ってもらえませんか。
男：かしこまりました(※1)。
　　…
男：お水のおかわり(※2)はいかがですか。
女：すみません。
男：お連れ様、お見えになりませんね(※3)。何かお飲み物をお持ちしましょうか。

男の人は、何がしたいのですか。
1　女の人に何か注文してもらいたい
2　女の人に帰ってもらいたい
3　女の人にもう少し待ってもらいたい
4　女の人にお水を飲んでもらいたい

(※1) かしこまりました：Understood/I understand. (polite expression of acknowledgement when responding to a superior, customer, etc.)　知道了　잘 알겠습니다

(※2) おかわり：to have seconds, to have another helping　再来一份儿　같은 음식을 더 먹는 것

(※3) お見えになる：to arrive (polite expression used to indicate someone has arrived)　来　오시다

2番　🔊 No.107
こたえ　1

夫婦が話しています。
女：今度の土曜日、ゴルフ行くの？
男：そのつもりだけど…。
女：天気、悪いんじゃない？
男：ちょっとぐらいなら平気だよ。
女：雨に濡れるのって、体に悪くない？　風邪ひいちゃうんじゃない？
男：え？　なんなの？　行っちゃいけないの？
女：そういうわけじゃないけど…。セールだって、今度の土曜日。ゴルフウェア(※)とか…。
男：なんだ…そういうことか。君の洋服とか靴とかね。はいはい、それは行かなくちゃな。

女：やったー！

女の人は、男の人に何をさせたいのですか。
1　一緒にセールに行ってほしい
2　ゴルフウェアを買わせたい
3　体を大切にしてほしい
4　少しぐらいの雨ならゴルフをさせたい

(※) ゴルフウェア：golf attire, golf apparel　高尔夫球衣　골프복

3番　🔊 No.108
こたえ　4

男の人が話しています。
男：最近、ネットなんかでゲームをしている人の中には、ゲームの世界で生きているような人がいますよね。そこで知り合った人と本当に結婚したりして…。ゲームの世界と現実の世界の区別がつかなくなっているようで、なんか怖いですね。ぼくも、ネットゲームをしますが、ただ楽しむんです。仕事の関係で、そのゲームがどんな風に作られているのかって考えたりすることがないこともないんですけど…。まあ、普通はただ何も考えずに、ひまつぶし(※)というか、おもしろいからする、楽しむんです。そういうもんじゃないですか、ゲームって…。遊びですよね。

男の人にとって、ゲームはどういうものですか。
1　人と知り合うためのもの
2　仕事に役立てるもの
3　現実と区別できないもの
4　遊びとして楽しむもの

(※) ひまつぶし：killing time　消磨时间　심심풀이

問題IV (p.100〜p.101)

1番 🔊 No.109
こたえ **3**

お客さんが帰ります。何と言いますか。
1 いらっしゃいませ。
2 どうぞご遠慮なく。
3 またお越しください。

2番 🔊 No.110
こたえ **2**

タクシーで目的地の近くに着きました。何と言いますか。
1 その先の角で止めさせてください。
2 その先の角で降ろしてください。
3 その先の角で降りてくださいませんか。

3番 🔊 No.111
こたえ **2**

全部は食べられません。何と言いますか。
1 残ればよろしいですか。
2 残してもかまわないですか。
3 残ってよくないですか。

4番 🔊 No.112
こたえ **1**

歯が痛くて早く帰りたいです。何と言いますか。
1 早く帰らせていただきたいんですが…。
2 早く帰ってくださいませんか。
3 早く帰ってもらってもいいですか。

問題V (p.101)

1番 🔊 No.113
こたえ **1**

早くしないと、遅れちゃうよ。
1 ほんとだ、急がないと。
2 遅いと困るんだ。
3 急いでも早くならないよ。

2番 🔊 No.114
こたえ **2**

ご連絡先、お伺いしてもよろしいですか。
1 はい、電話でお願いいたします。
2 あ、名刺をお渡ししておきます。
3 住所も電話番号も知らされていないんです。

3番 🔊 No.115
こたえ **3**

お母さん、お元気？
1 うん、けっこうだよ。
2 うん、こちらこそ。
3 うん、おかげさまで。

4番 🔊 No.116
こたえ **2**

雨、降ってきたから、タクシーで行こうよ。
1 そうだね、傘さそうか。
2 そこだから、歩いていこうよ。
3 でも、バスは混んでるよ。

5番 🔊 No.117
こたえ **1**

ごはん、できましたよー。
1 今、行きまーす。
2 まだ、いただきます。
3 ごちそうさまー。

6番 🔊 No.118
こたえ **3**

この書類、明日までに仕上げないといけませんか。
1 今日の、午後にしようか。
2 ああ、間に合わなかったね。
3 明日の会議に使うからね。

7番 🔊 No.119
こたえ **1**

遅くなってすみません。途中、事故にあって…。
1 よかったよー。間に合って。

2　大変なことをしましたね。
3　大したものじゃありませんよ。

8番　　　　🔊 No.120

こたえ　1

ねえ、知ってる？　田中さん、彼氏と別れたんだって。

1　へえ、そうなのー。
2　へえ、そうなるのー。
3　へえ、そうしたのー。